U0949231

教育部职业教育与成人教育司推荐教材
中等职业学校数控技术应用专业教学用书

机械识图与 AutoCAD 技术基础
（2006 版）（第 2 版）

侯永春　主编
葛金印　王　猛　主审

電子工業出版社
Publishing House of Electronics Industry
北京 • BEIJING

内 容 简 介

本书介绍了识图的基础知识、正投影法与三视图、组合体视图、图样的基本表示法、标准件与常用件、零件图、装配图、AutoCAD 基础知识等。教材内容具有"浅显、易懂、实用、突出识图能力培养"的特点。

本书为教育部职业教育与成人教育司推荐教材，其内容注重职业技能的培养，便于自学和教学，可作为中等职业学校机械类专业教材，也可作为岗位培训用书。

为了方便教师教学，本书还配有电子教学参考资料包（包括教学指南、电子教案、习题答案），详见前言。

图书在版编目（CIP）数据

机械识图与 AutoCAD 技术基础：2006 版 / 侯永春主编.2 版. —北京：电子工业出版社，2009.9
教育部职业教育与成人教育司推荐教材. 中等职业学校数控技术应用专业教学用书
ISBN 978-7-121-06862-1

I. 机… II. 侯… III. ①机械图—识图法—专业学校—教材②计算机辅助设计—应用软件，AutoCAD—专业学校—教材 IV.TH126.1 TP391.72

中国版本图书馆 CIP 数据核字（2008）第 082333 号

策划编辑：白 楠
责任编辑：李 影 肖博爱
印 刷：北京七彩京通数码快印有限公司
装 订：北京七彩京通数码快印有限公司
出版发行：电子工业出版社
北京市海淀区万寿路 173 信箱 邮编 100036
开 本：787×1 092 1/16 印张：9.5 字数：243.2 千字
版 次：2005 年 7 月第 1 版
2009 年 9 月第 2 版
印 次：2020 年 9 月第 8 次印刷
定 价：15.50 元

凡所购买电子工业出版社图书有缺损问题，请向购买书店调换。若书店售缺，请与本社发行部联系，联系及邮购电话：（010）88254888，88258888。

质量投诉请发邮件至 zlts@phei.com.cn，盗版侵权举报请发邮件至 dbqq@phei.com.cn。

本书咨询服务联系方式：（010）88254583，zling@phei.com.cn。

前　言

本书是以中等职业教育改革需求为编写思路，以提高学生的科学文化素质，培养学生的识图能力为目标。书中重点阐述了识图的基本理论与计算机辅助绘图的方法。在编写过程中特别注意以下几点：

机械识图部分：

1. 在教材体系上，从培养目标出发，以岗位能力需要为基点，突出了以识图为主、学以致用的特点，删除了一些理论性较强的内容。

2. 采用最新的制图及其相关的最新国家标准和行业标准，按照学生的认知规律编排内容，注重运用生产中的实例来辅助教学，注意把握教材的科学性、系统性、实用性。

3. 在编写中采用表格对比的形式，突出重点内容，力求做到浅显易懂、理论联系实际，便于自学与教学。

AutoCAD 基础知识部分：

1. 在实践操作中学习应用软件。

2. 在第 13 章中给出了一些绘图实例，读者可以通过练习，从中领悟出命令的功能及操作要领，结合前面所学内容，思考是否还可以用其他命令进行绘制，从而达到举一反三，巩固所学知识的目的。

本书由侯永春担任主编并编写了 1.1，1.2，1.3 节，第 4，5，6，7，8，9，10，11，12，13 章，陈健编写了 1.4，1.5，1.6 节，李跃编写了 2.1，2.2，2.3，2.4 节，杨国威编写了 2.5 节和第 3 章。本书由葛金印、王猛主审，经过教育部审批，作为教育部职业教育与成人教育司推荐教材。由于作者水平有限，对书中疏漏之处，敬请广大师生提出宝贵意见和建议。

为了方便教师教学，本书还配有电子教学参考资料包（包括教学指南、电子教案、习题答案），请有此需要的教师登录华信教育资源网（http://www.hxedu.com.cn）下载或与电子工业出版社联系，我们将免费提供。E-mail:hxedu@phei.com.cn。

编　者

2009 年 9 月

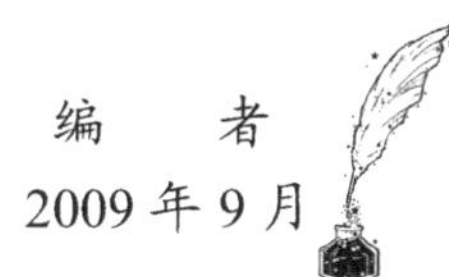

第一部分 机械识图

第二部分 AutoCAD 基础知识

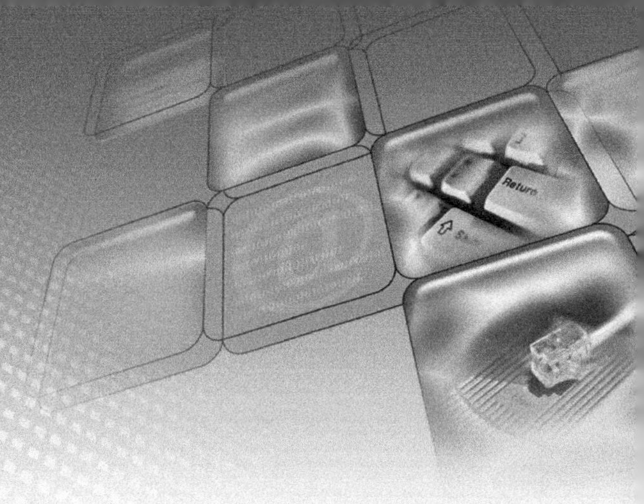

第一部分　机械识图

机械图样是现代工业生产中最基本的技术文件，是制造、检验、装配产品等的依据，因此，机械图样是机械工程技术人员必须掌握的重要工具之一。

在中等职业学校里，机械识图是培养工程技术人员的一门重要的技术基础课，其主要任务是培养学生具有一定的识图能力，空间想象和思维能力，了解国家标准《机械制图》的有关规定。学习过程中进行大量的由平面图形来表达，再由平面图形想象出空间形体的反复训练，掌握空间形体与平面图形间的转化规律，逐步培养空间想象和思维能力，进一步提高识图技能。

- 识图的基本知识
- 图样基本表示法
- 零件图
- 装配图的识读

第1章 识图的基本知识

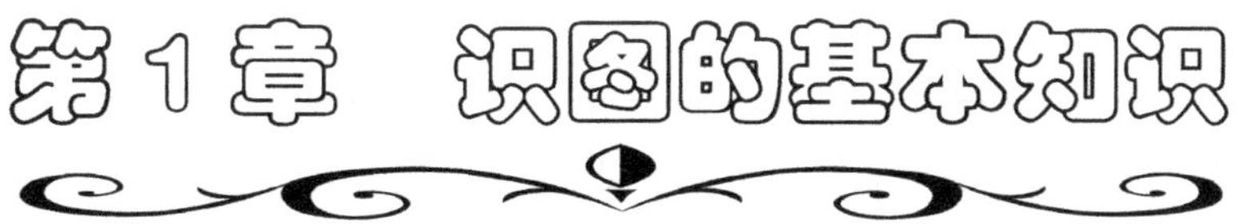

1.1 机械图样

工程应用中，根据投影方法并遵照国家标准绘制而成的用于工程施工或产品制造等的图称为工程图样，简称图样。图样是工程技术人员借以表达和交流技术思想不可缺少的工程语言，不同生产部门对图样的要求不同，绘图方法和规则也不同，其名称也不同，如机械图样、建筑图样、水利工程图样等。

机械制造业所使用的图样称为机械图样，如表 1-1 所示，主要有立体图（轴测图）和视图两大类。

表 1-1 机械图样

	图 形	优 点	缺 点
立体图		富有立体感，直观形象	度量性差，作图困难
视图		能准确地表达出物体的形状和大小，且度量性好，作图方便	直观性较差，需将三个视图综合起来才可以想像出完整的空间形状

1.2 识图的基本知识

机械图样是机械设计和制造的重要技术资料，也是开展技术交流的重要工程语言。下面将扼要介绍《技术制图》、《机械制图》国家标准中的基本规定，主要有图纸幅面及格式、比例、字体、图线以及尺寸注法等。

识图的基本内容如表 1-2 所示。

表 1-2　识图基础

项目	内　容	说　明	备　注
图纸幅面	A0，A1，A2，A3，A4	A0 幅面为 841×1189，A1 幅面为 A0 的一半，依次类推	GB/T 14689—1993
图框格式	留有装订边（如右图（a）所示） 不留装订边（如右图（b）所示）	标题栏　标题栏 （a）　（b）	标题栏一般位于图纸的右下角
比例	指图形与其实物相应要素的线性尺寸之比	原值比例：如 1∶1 放大比例：如 2∶1 缩小比例：如 1∶2	GB/T 14690—1993
字体	汉字应为长仿宋体，字母和数字可为正体或斜体	汉字高不小于 3.5mm，要求：字体工整，笔画清楚，间隔均匀，排列整齐	GB/T 14691—1993
图线	图线分粗、细两种，粗线宽 d 可在 0.5~2mm 之间选择，细线宽为 $d/2$	常用图线有五种： 1．粗实线 2．细实线 3．波浪线 4．虚线 5．细点划线	GB/T 4457.4—1984
尺寸注法	完整的尺寸包括： 1．尺寸数字（大小） 2．尺寸线（方向） 3．尺寸界线（范围） $\phi60^{+0.03}_{0}$	基本规则： 1．机件的真实大小应以图样上所注的尺寸数值为依据，与图形的大小与准确性无关 2．图中所注尺寸为机件最后完工尺寸，否则另加说明 3．机械图样中的线性尺寸以毫米（mm）为单位时，不需注明单位符号或名称，其他单位如英寸、角度等必须注明	GB/T 4458.4—1984 GB/T 16675.2—1996

1.3　斜度和锥度

斜度主要用来表示机械图样中的铸造斜度、锻造斜度、斜键等的斜面倾斜程度，锥度用于机械中的圆锥销、工具锥柄等。如表 1-3 所示为斜度和锥度的定义。

表 1-3　斜度和锥度

名称	概　念	图　例	注 意 点
斜度	指一直线（或平面）相对于另一条直线（或平面）的倾斜程度，其大小是用这两条直线（或两平面）间夹角的正切值来表示，写成 1∶n 的形式	10　R10　∠1:6　K　10　60	符号的方向应与斜度的方向一致
锥度	指正圆锥体底圆直径与锥高之比。如果是圆锥台则是上、下底圆直径之差与锥台高度之比，写成 1∶n 的形式	▷1:3　φ18　3　20	图形符号的方向应与圆锥的方向相一致

1.4　投影规律

1．投影的概念

在日常生活中光线照射物体，将在物体后面的墙壁或地面上产生影子，这种现象就是投影。投影法即是通过对这种现象进行科学地抽象而建立起来的。

由投射中心（光源）发出的投射线通过物体，在选定的投影面上得到图形的方法，称为投影法。根据投影法获得的图形叫投影，得到图形的面叫投影面，光源叫做投射中心，由投射中心发出的、通过物体的光线叫投射线。

2．投影的分类

根据投射中心到投影面的距离，投影分为中心投影和平行投影。根据投射线与投影面是否垂直的位置关系，平行投影又分为正投影和斜投影。投影的分类如表 1-4 所示。

表 1-4　投影的分类

	分 类	图　例	说　明
投影	中心投影	S　A　B　D　C　a　b　d　c	中心投影是投射线从有限远射出，在投影面上形成投影的方法 改变物体到投影面的距离，投影的大小将发生变化 该投影法不反映物体的真实大小

续表

	分类		图例	说明
投影	平行投影	斜投影		斜投影是相互平行的投射线与投影面相倾斜的投影方法
		正投影		正投影是相互平行的投射线与投影面相垂直的投影方法 正投影法是工程图样中主要采用的投影方法

3．正投影的基本性质

正投影的基本性质如表 1-5 所示。

表 1-5 正投影的基本性质

性质	显真性	积聚性	类似性
图例			
说明	平面图形（或直线）平行于投影面时，其投影反映实形（或实长）	平面图形（或直线）垂直投影面时，其投影为直线（或点）	平面图形（或直线）倾斜于投影面时，其投影仍为平面图形（或线段），形状类似

4．三面投影体系

如图 1-1 所示，三个互相垂直的投影面组成三投影面体系。投影面分别为：

正立投影面，简称正面，用字母 *V* 表示；

水平投影面，简称水平面，用字母 *H* 表示；

侧平投影面，简称侧平面，用字母 *W* 表示。

任意两投影面的交线称投影轴，分别是：

正立投影面（*V*）与水平投影面（*H*）的交线称为 *OX* 轴，简称 *X* 轴，代表长度方向；

水平投影面（*H*）与侧投影面（*W*）的交线称为 *OY* 轴，简称 *Y* 轴，代表宽度方向；

正立投影面（*V*）与侧投影面（*W*）的交线称为 *OZ* 轴，简称 *Z* 轴，代表高度方向。

X、*Y*、*Z* 三轴的交点 *O* 称为原点。

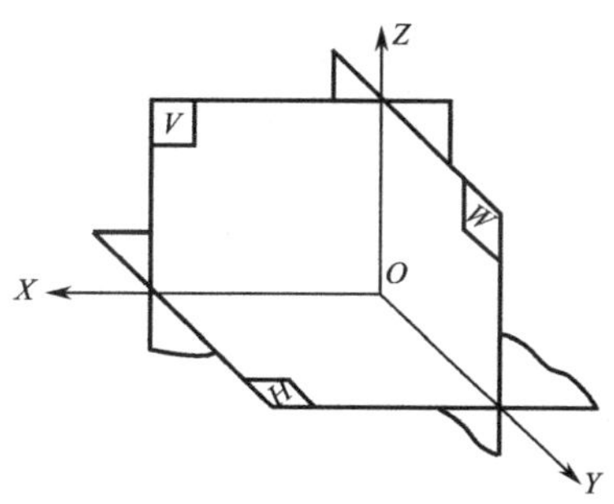

图 1-1　三面投影体系

5. 三视图的形成

如图 1-2 所示，将实物放在三面投影体系中，向三个投影面作正投影，得到的投影即是三视图。

主视图——从前向后投影，在 *V* 面上的正投影视图；

俯视图——从上向下投影，在 *H* 面上的正投影视图；

左视图——从左向右投影，在 *W* 面上的正投影视图。

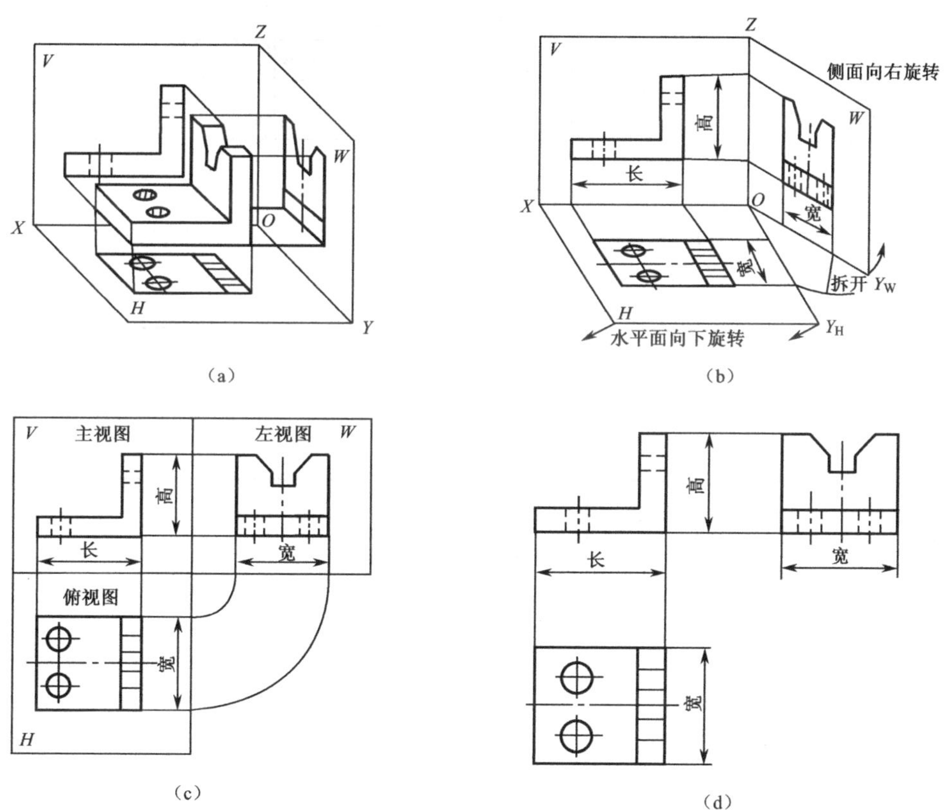

图 1-2　三视图的形成

6. 三视图之间的对应关系（投影规律）

长对正——主视图与俯视图相应投影长度相等；

高平齐——主视图与左视图相应投影高度相等；

宽相等——俯视图与左视图相应投影宽度相等。

以上的投影关系适用于整个形体的投影，同时也适用于形体上某局部结构的投影，是画图和识图所依据的基本原则。

7．点、线、面的投影

（1）点的投影，如表 1-6 所示。

表 1-6　点的投影

图例	空间点的轴测图	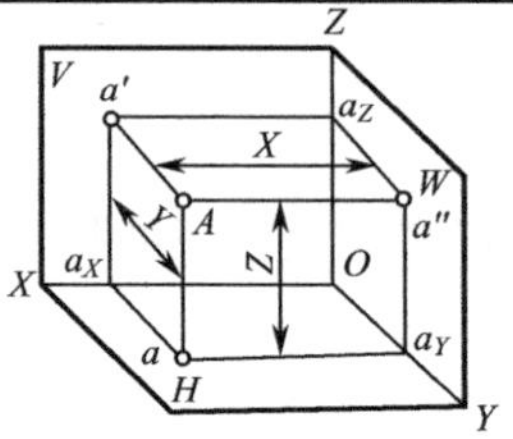
	点投影三视图	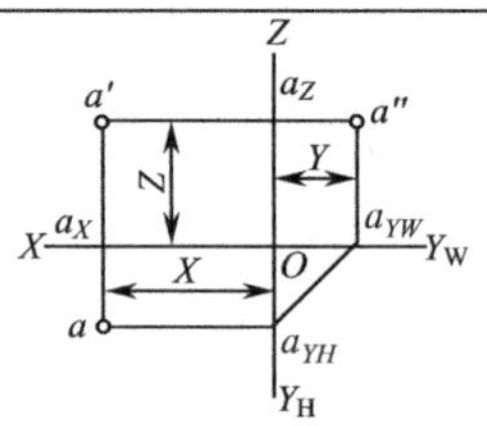
说明	① 空间点用坐标 *A*（*X*，*Y*，*Z*）表示 ② *X*、*Y*、*Z* 分别代表 *A* 点到各投影面的距离 ③ 空间点用大写的字母或数字表示；俯视图中用小写字母或数字表示；主视图中用小写字母或数字在右上角加一撇表示；左视图中用小写字母或数字在右上角加两撇表示 ④ 点的投影特性：点的投影一定是点	

（2）线的投影，如表 1-7 所示。

表 1-7　线的投影

线　　型		轴　测　图	三　视　图	特　　点
投影面的平行线	正平线	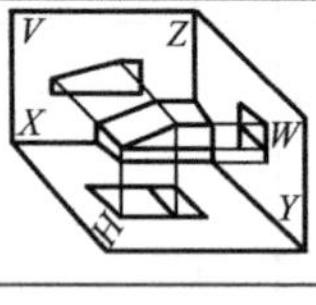	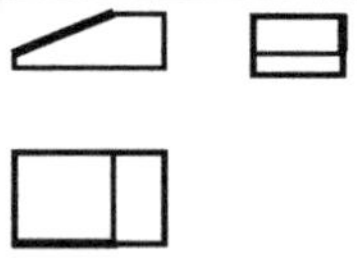	在 *V* 面上的投影是一条反映实长的斜线；而其余两个投影是平行于坐标轴的线段，长度小于实长
	水平线	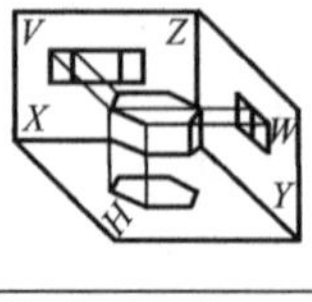	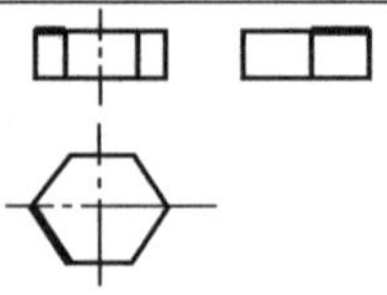	在 *H* 面上的投影是一条反映实长的斜线；而其余两个投影是平行于坐标轴的线段，长度小于实长
	侧平线	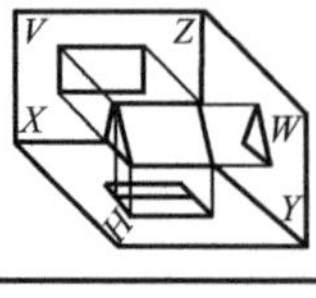	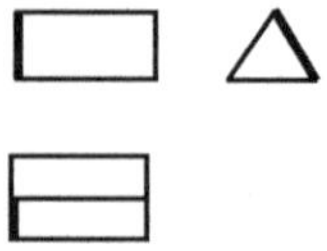	在 *W* 面上的投影是一条反映实长的斜线；而其余两个投影是平行于坐标轴的线段，但长度小于实长

续表

线　型		轴测图	三视图	特　点
投影面的垂直线	正垂线	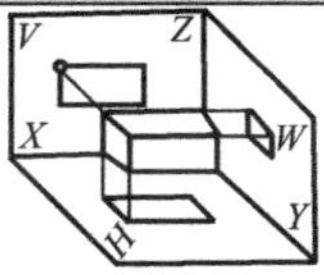	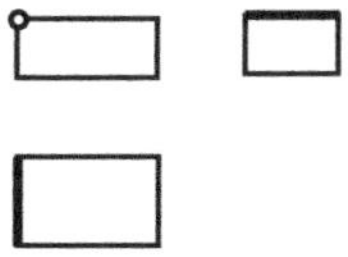	在 V 面上的投影积聚成一点，其余的两个投影是反映实长的线段
	铅垂线	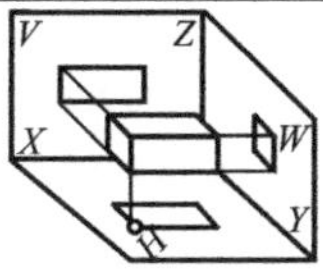	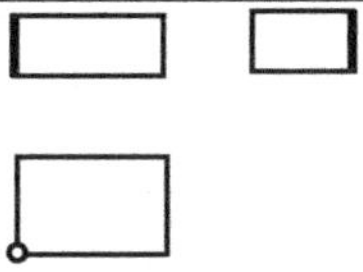	在 H 面上的投影积聚成一点，其余的两个投影是反映实长的线段
	侧垂线	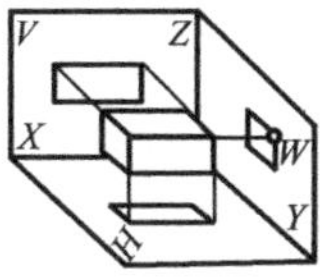	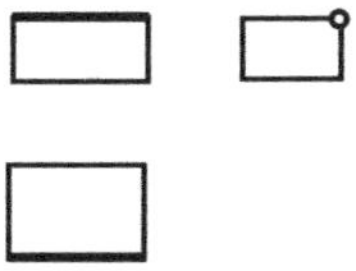	在 W 面上的投影积聚成一点，其余的两个投影是反映实长的线段
一般位置线		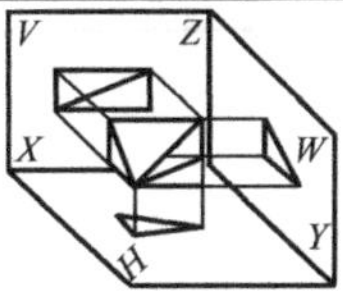	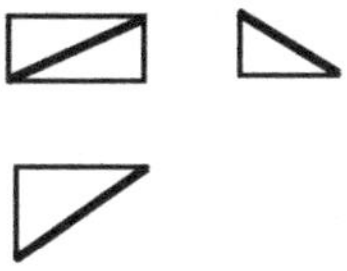	在三个投影面上的投影都为比实长短的线段

（3）面的投影，如表 1-8 所示。

表 1-8　面的投影

面　型		轴测图	三视图	特　点
投影面的平行面	正平面	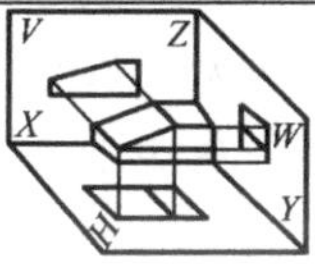	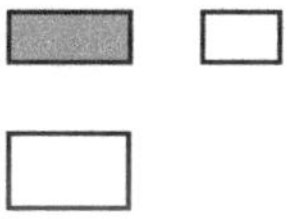	在 V 面上反映真实形状，在另外两个投影面上的投影为与坐标轴平行的直线
	水平面	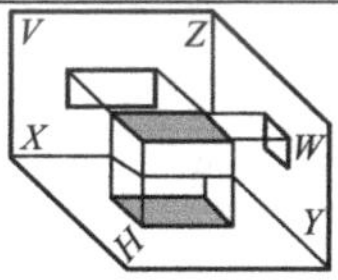	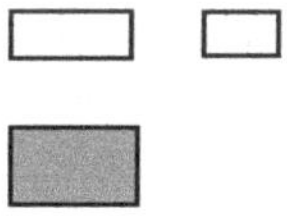	在 H 面上反映真实形状，在另外两个投影面上的投影为与坐标轴平行的直线
	侧平面	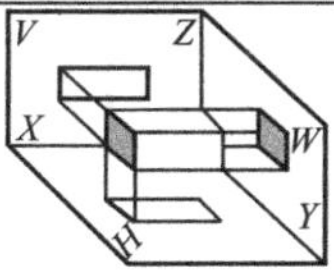	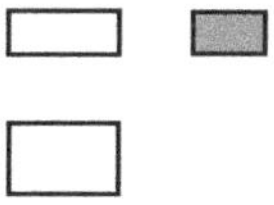	在 W 面上反映真实形状，在另外两个投影面上的投影为与坐标轴平行的直线
投影面的垂直面	正垂面	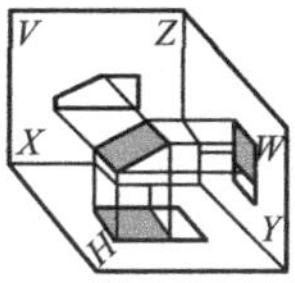	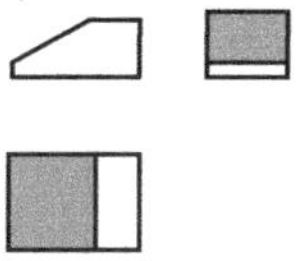	在 V 面上的投影为一条倾斜的直线，在另外两个投影面上的投影为原平面的类似形状，但尺寸缩小了

续表

面型		轴测图	三视图	特点
投影面的垂直面	铅垂面			在 V 面上的投影为一条倾斜的线段，在另外两个投影面上的投影为原平面的类似形状，但尺寸缩小了
	侧垂面			在 W 面上的投影为一条倾斜的线段，在另外两个投影面上的投影为原平面的类似形状，但尺寸缩小了
一般位置面				在三个投影面上的投影都为原平面的类似形状

1.5　基本体三视图的识读

构成组合体的最小单元且不需要再分解的物体形状，叫做基本体。常见的有柱体、锥体和旋转体三大类。

1．柱体三视图的识读

任意轴向截面相同形体统称为柱体。

常见的柱体三视图如表 1-9 所示。柱体三视图的特征可归纳为：柱体三视图的轮廓是由“一多边形，两矩形”构成，读图时要先找到“多边形”再由“两矩形”来想像出该形体的空间形状。

表 1-9　柱体三视图

	图例	说明
圆柱体		圆柱体的三视图是由一个圆和两个矩形组成的 圆的投影反映圆柱体的特征
棱柱体		棱柱体的三视图是由一个正多边形和两个矩形组成的 多边形的投影反映棱柱体的特征

续表

	图　例	说　明
一般柱体		一般柱体的三视图都是由一个多边形和两个矩形组成的 多边形反映该形体的特征

2. 锥（台）体三视图的识读

（1）锥体。任意轴向截面相似的形体统称为锥体。多边形面为锥体的底面，其余的面为锥体的侧面，相邻侧面的交线为锥体的棱边，各侧面的公共顶点为锥顶，锥顶到底面的距离为锥体的高。正棱锥的极限为正圆锥体。

（2）台体。用一个平行于锥体底面的平面去截锥体，去掉锥顶部分得到的形体。

常见的锥（台）体三视图如表 1-10 所示。锥（台）体三视图的特征可归纳为：

① 锥体三视图的轮廓是由“一多边形，两三角形”来表示。

② 台体三视图的轮廓是由“一多边形，两梯形”来表示。读图时先找到“多边形”，再由另外两投影来想像出该形体的空间形状。

表 1-10　锥（台）体三视图

	图　例	说　明
圆锥体		圆锥体的三视图有一个反映锥体底面实形的投影和两个外轮廓为相同等腰三角形的投影，三角形的顶点是一个点（锥顶）的投影
棱锥体		棱锥体的三视图有一个反映锥体底面的投影和两个外轮廓为三角形的投影，三角形的顶点是一个点（锥顶）的投影，三角形内是由锥体侧面投影得到的类似形
圆锥台		圆锥台是用一个平行于圆锥体底面的平面去截锥体，去掉锥顶部分后得到的形体 该形体的三视图是两同心的圆（反映圆锥台体上下底面的实形）和两个相同的等腰梯形
棱锥台		棱锥台是用一个平行于棱锥体底面的平面去截锥体，去掉锥顶部分得到的形体 该形体的三视图是两同心的相似多边形（反映台体上下底面的实形）和两个外轮廓为梯形的投影，梯形内是由锥台体侧面投影得到的类似形

3. 旋转体三视图的识读

一个平面图形绕着与它在同一平面上的一条线旋转一周所形成的形体统称为旋转体。

常见的旋转体三视图如表 1-11 所示。旋转体三视图的特征可归纳为：旋转体三视图是由一个体现旋转体特征的投影和两个完全相同的投影来表示，读图时先找到反映旋转体特征的投影，再结合另两个表达形体形状的投影来想像出该形体的空间形状。

表 1-11　旋转体三视图

	图　例	说　明
圆柱体		圆柱体的三视图是由一个体现该旋转体特征的圆和两个完全相同的矩形表示的
圆锥体		圆锥体的三视图有一个反映锥体底面实形的投影和两个外轮廓为相同等腰三角形的投影，三角形的顶点是一个点（锥顶）的投影
球体		球体的三视图是三个完全相同的圆，但每个圆分别代表不同截面内的轮廓

1.6　组合体三视图的识读

1. 组合体的基本组合形式与形体分析

（1）概念。由两个或两个以上的基本几何体按一定的方式组合成的物体，称为组合体。

（2）组合体的基本组合形式。组合体的形成是通过加法组合（叠加）和减法组合（切割）形成的。

① 加法组合。由几个基本体叠加而形成的，如图 1-3（a）所示。

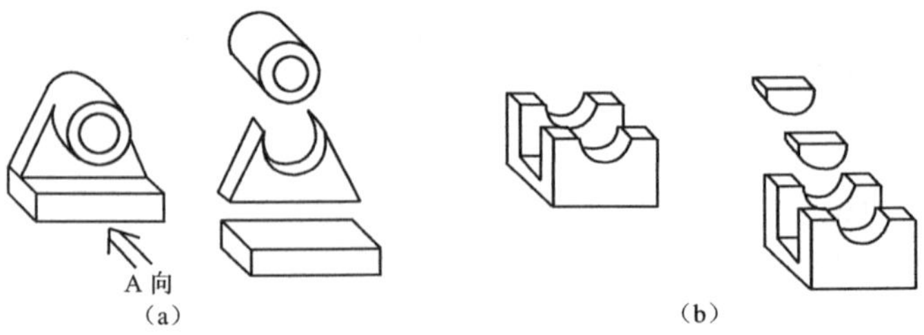

图 1-3　组合体的基本组合形式

② 减法组合。一个基本体被切去某些部分，余下部分形成的组合体，如图 1-3(b)所示。

（3）组合体组合处的注意事项。

① 两表面不平齐：中间应有线隔开，如图 1-4 所示。

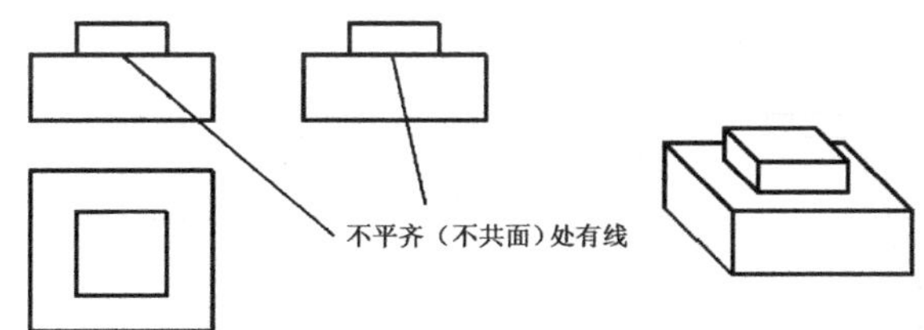

图 1-4　两表面不平齐

② 两表面平齐：中间不应有线隔开，如图 1-5 所示。

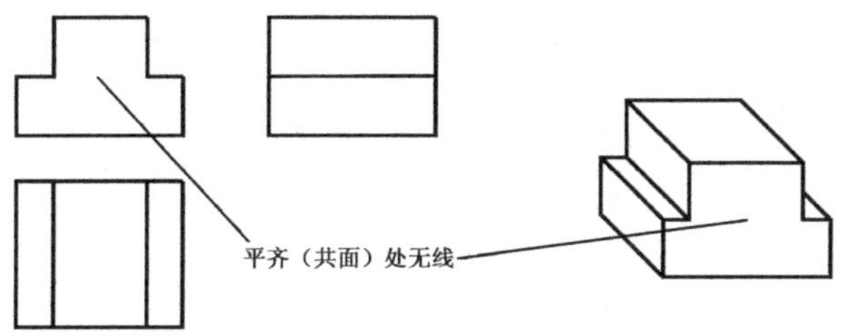

图 1-5　两表面平齐

③ 两表面相交：在相交处应画出其交线的投影，如图 1-6 所示。

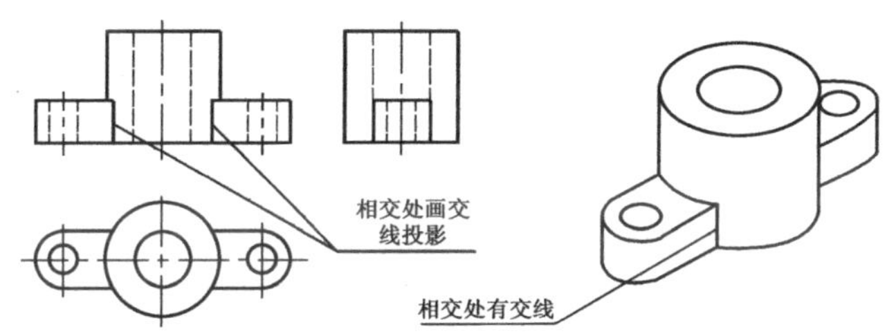

图 1-6　两表面相交

④ 两表面相切：在相切处不应该画线，如图 1-7 所示。

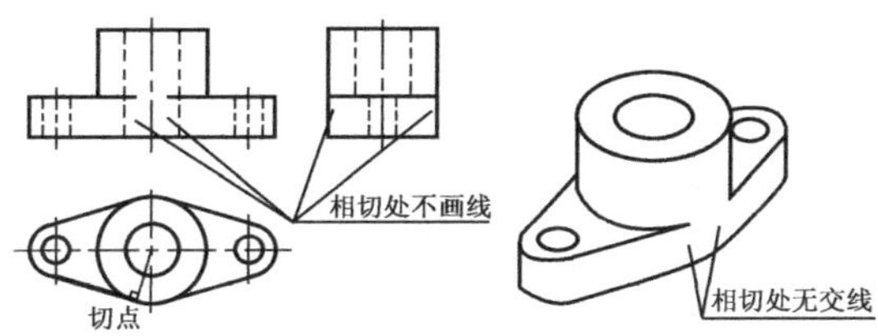

图 1-7　两表面相切

（4）形体分析法。假想把组合体分解成若干个基本体，分析它们各自的形状、相对位置、组合形式、组合连接方式的方法称为形体分析法。

2. 读组合体视图

（1）形体分析法。形体分析法是读图的基本方法，把视图中的封闭线框对应起来，想像出各自的形状和位置，综合起来想出整体形状。

例如：识读如图1-8（a）所示的形体三视图。

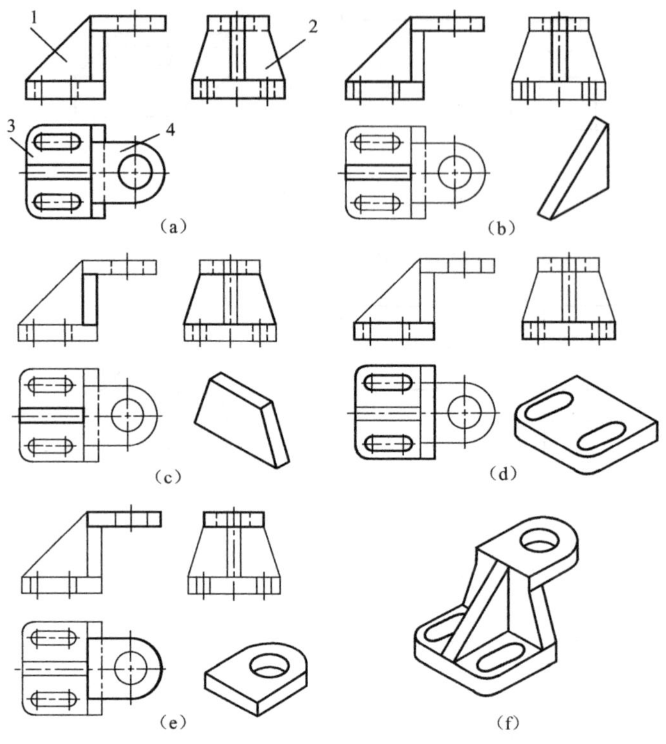

图1-8　支架的形体分析

① 抓住形体特征，分出组合形体。

② 根据投影对应的粗实线线框，联系起来，即可想像出该形体的形状，如图1-8（b）、（c）、（d）、（e）所示。

③ 通过想像出的形体，利用组合体的组合形式综合来想像整体，如图1-8（f）所示。

（2）线面分析法。线面分析法是运用投影的规律，把形体的表面分解为线、面几何要素，通过判断这些要素的空间位置、形状来想像出形体的形状。

例如：识读如图1-9（a）所示的形体三视图。

① 根据视图找对应关系，大致确定形体的切割形式。

② 根据线框对应的线条，想像出面的形状如图1-9（b）、（c）、（d）、（e）所示。

③ 将各个特征面组合起来，想像出空间形体，如图1-9（f）所示。

（3）读组合体视图。读视图时不论是线框对线框想立体的形体分析法，还是线框对线条想表面的线面分析法，具体的过程都为先找多边形线框，再利用对应关系想像空间形状，综合起来想像整体。一般来说加法组合的组合体用形体分析法，而减法组合的组合体用线面分析法，在实际读图中要灵活运用。

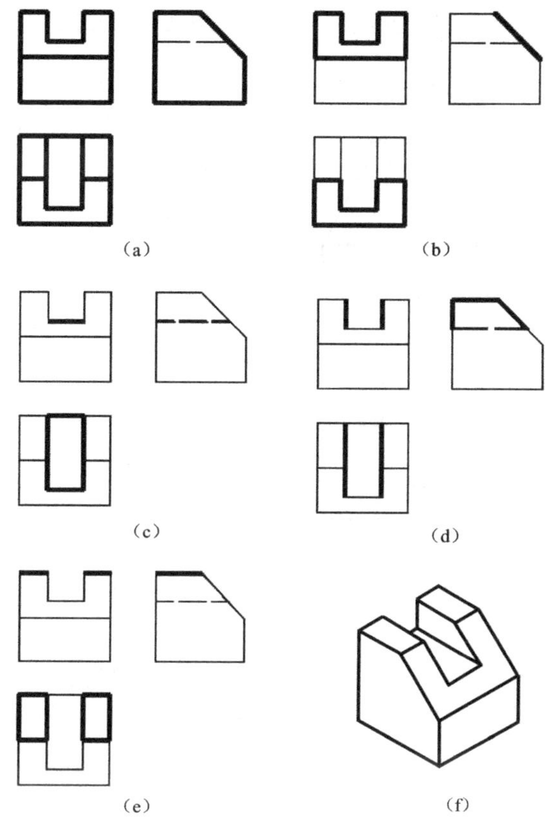

图 1-9　形体的线面分析

3. 识读组合体的尺寸

（1）组合体尺寸的分类。

① 定形尺寸：确定各基本几何形状大小的尺寸称定形尺寸，如图 1-10 所示。图中标出的ϕ20、ϕ40、42、16、20、90、56 都是定形尺寸。

② 定位尺寸：确定组合体中各基本几何体之间相对位置的尺寸称为定位尺寸，包括三个方向的尺寸。图中标出的尺寸 64 是圆柱管的高度定位尺寸，其长度、宽度的定位尺寸为 0，不标注。

③ 总体尺寸：确定组合体外形总长、总宽、总高的三个尺寸称为总体尺寸。图 1-10 中总长是 90，总宽是 56，总高是 84。总体尺寸常常与定形尺寸和定位尺寸合用，有时是通过计算来确定。

（2）组合体尺寸的基本要求。

① 正确：任何尺寸的标注都应符合国家标准的有关规定。

② 完整：各部分的尺寸要标注齐全，做到不重复，不遗漏，形体的形状唯一。

③ 清晰：尺寸布置应整齐清晰，标注清楚，利于读图。

④ 合理：尺寸的标注要符合设计和加工工艺上的要求。

（3）组合体尺寸的基准要求。在识读组合体尺寸时，应先找出尺寸基准，也就是标注尺寸的起点。组合体的长、宽、高三个方向至少应该有一个基准，以确定结构的定位尺寸。一般可选择组合体的底面、端面、对称面、回转体的轴心线等为基准。

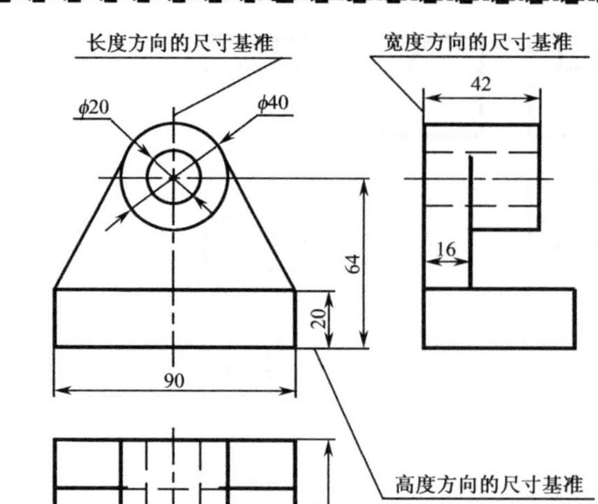

图 1-10 组合体尺寸标注及标注基准

（4）读组合体尺寸的注意事项。

① 尺寸尽量标注在视图的周边，并尽量布置在视图与视图之间。

② 同轴的圆柱、圆锥的径向尺寸，通常标注在非圆视图上；圆弧半径标注在投影为圆弧的视图上，如图 1-11 所示。

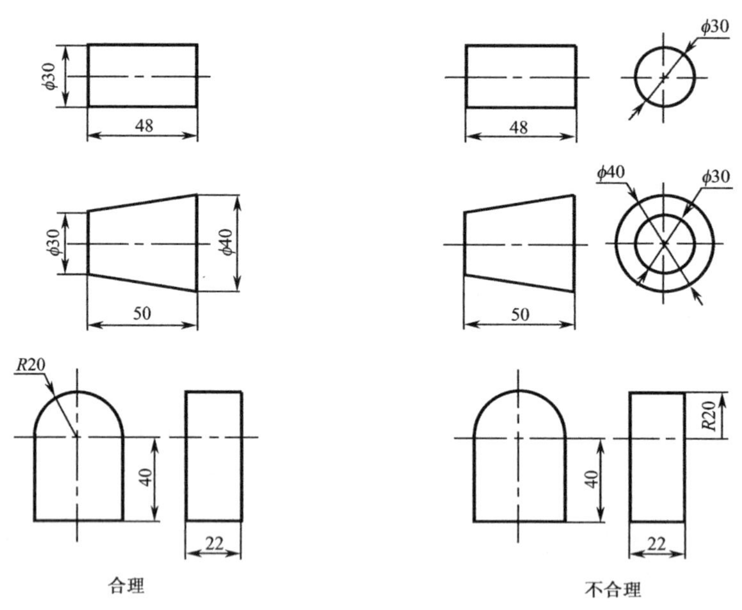

图 1-11 尺寸标注

③ 尺寸尽量标注在结构特征明显的视图上，做到就近标注。

④ 同方向的串联尺寸标注应相互对齐，排列在一条直线上；同方向的并联尺寸标注应为小尺寸在内，大尺寸在外，间隔要均匀，避免尺寸线与尺寸界线相交，如图 1-12 所示。

⑤ 尺寸应标注在形状最清晰的地方，尽量避免在虚线或其延长线上标注尺寸。

⑥ 全图的尺寸要做到大小一致、间距大体一致（8mm～10mm）、尺寸界线伸出箭头 2mm 左右并大体一致、中心线伸出图形 3mm 左右并大体一致。

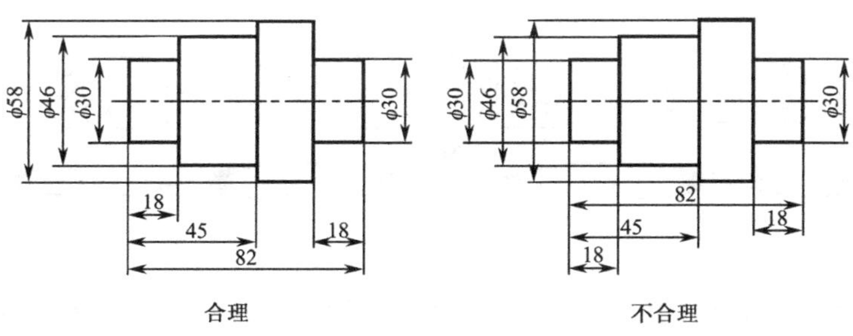

图 1-12　尺寸标注

第 2 章　图样基本表示法

根据使用要求不同，机件的结构形状是多种多样的，为完整清晰地表达各种机件形状，仅用前面介绍的三视图是不够的，因此，国家标准《机械制图》中，规定有视图、剖视图、断面图等各种表达方法，在读图和画图时都要严格遵守这些规定。

2.1　视图

视图为机件向投影面投影所得的图形，主要用来表达机件的外部结构形状。视图分为基本视图、向视图、局部视图和斜视图四种。

1. 基本视图

机件向基本投影面投影所得的视图称为基本视图。

基本投影面规定为正六面体的六个面，如图 2-1 所示。将机件放在六面体中，按正投影法分别向六个基本投影面投影，即得六个基本视图，分别为：主视图、俯视图、左视图、右视图（由右向左投影）、仰视图（由下向上投影）、后视图（由后向前投影）。

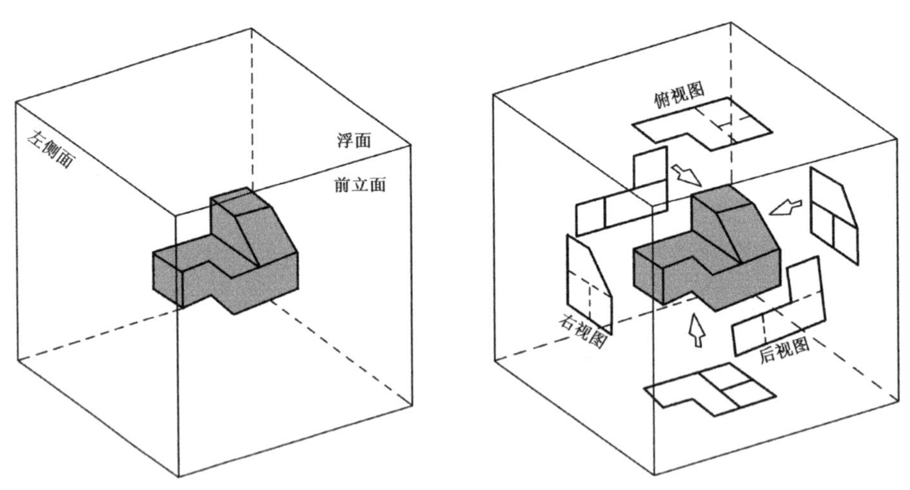

图 2-1　基本投影面和基本视图的形成

六个基本投影面再按如图 2-2 所示的展开方法展开，即保持正面不动，而将其余投影面按图中箭头方向旋转，便得到位于同一平面的六个基本视图。

展开后，各视图的位置关系如图 2-3 所示，在同一张图纸上配置视图时，一律不标注视图的名称。

六个基本视图之间要满足“长对正”、“高平齐”、“宽相等”的投影关系。

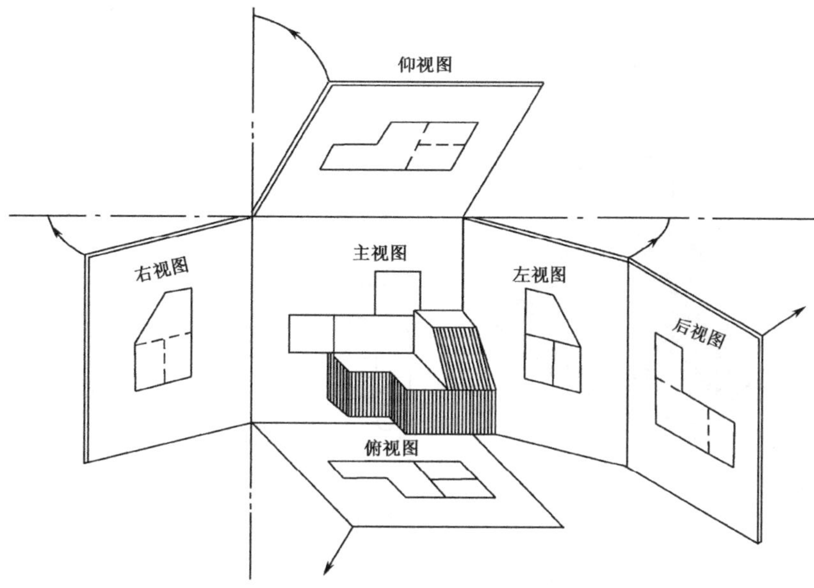

图 2-2　基本投影面的展开

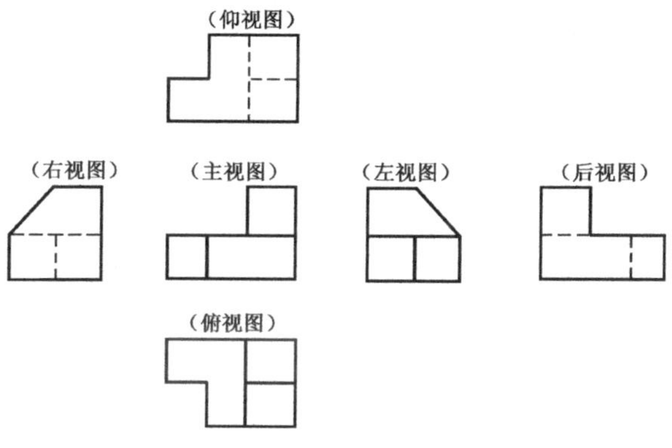

图 2-3　基本视图的配置

2. 向视图

向视图是可以自由配置的视图，标注方法如图 2-4 所示。看图时，应从标注方向上弄清投影方向以及视图的名称，再去找出对应的视图。

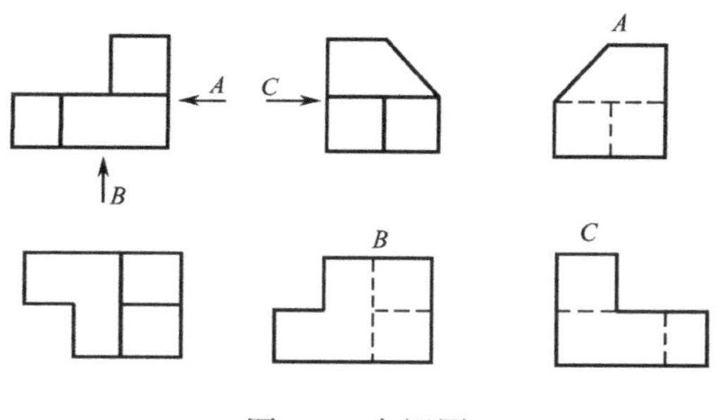

图 2-4　向视图

3．局部视图

将机件的某一部分向投影面投影所得的视图称为局部视图，如图 2-5 所示。局部视图是不完整的基本视图，利用局部视图，可以减少基本视图数量，补充基本视图尚未表达清楚的部分。

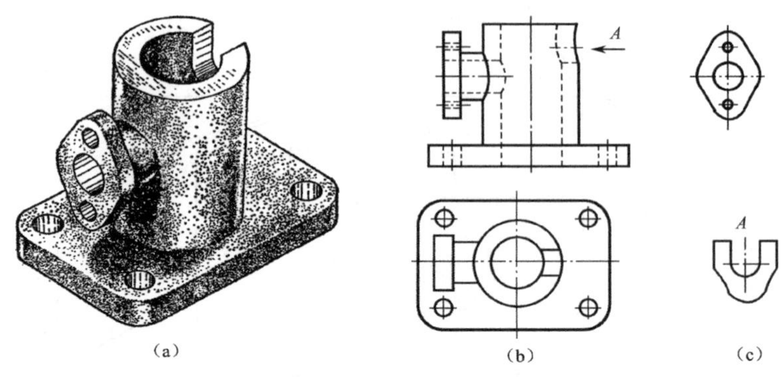

图 2-5　局部视图

为了看图方便，局部视图应尽量配置在箭头所指的方向，并与原有视图保持投影关系，有时为了合理布图，也可把局部视图放在其他适当的位置。画局部视图时，一般在局部视图的上方标出视图名称“×”（×为大写字母），同时在相应的视图附近用箭头指明投影方向，并注上同样的字母，如图 2-5（b）中的“A”。

注意

① 局部视图断裂处的边界线用波浪线画出，当所表达的局部结构是完整的，且外轮廓又成封闭时，波浪线可省略不画。

② 为了看图方便，局部视图按投影关系配置，此时，若中间无其他图形隔开，可省略标注，如图 2-5（b）所示。

③ 必要时，也可不按投影关系配置。

4．斜视图

将机件的某一部分向不平行于任何基本投影面的平面投影所得的视图称为斜视图。

如图 2-6 所示，零件的倾斜部分在俯视图和左视图上都不能得到实形，这既不便于表达

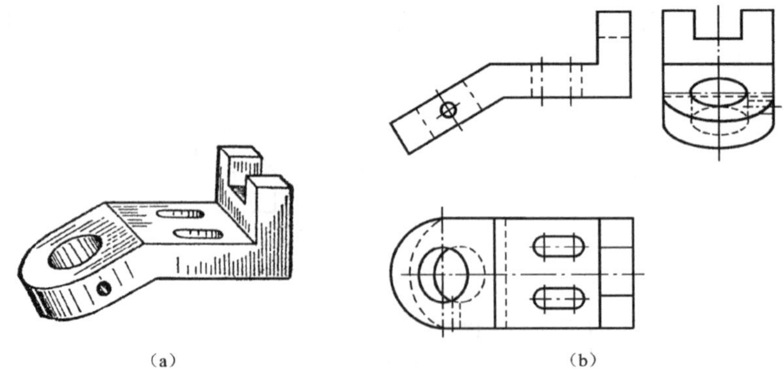

图 2-6　机件轴测图和三视图

该部分的形状，也不便于画图和标注尺寸，为此，可设一个与该结构平行的投影面，使其投影反映实形。

斜视图仅用于表达机件倾斜部分的实形，其他部分在斜视图中不反映实形，故不必画出，其断裂边界线以波浪线表示。

斜视图通常按投影关系配置并标注，如图 2-7（a）所示，必要时也可配置在其他适合的位置，如图 2-7（b）所示。有时为了合理利用图纸和画图方便,在不致引起误解时，可将图形旋转，如图 2-7（c）所示，标注时，表示该视图名称的大写字母应靠近旋转符号的箭头端。也允许将旋转角度标注在字母之后，如图 2-8 所示。

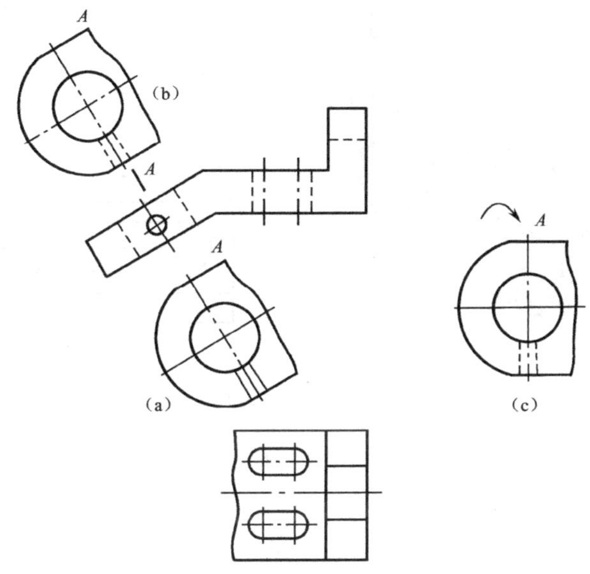

图 2-7　斜视图画法

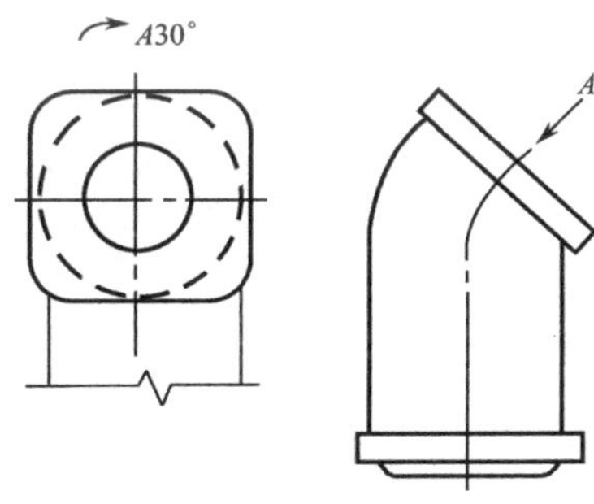

图 2-8　斜视图

看斜视图时，先找到箭头所指的表达部位，弄清投影方向以及视图的名称，再按所注的字母去找出对应的斜视图。

提示

基本视图和向视图投影是机件的全部投影，而局部视图和斜视图仅对局部进行投影。

基本视图、向视图、局部视图投影方向是正的，斜视图投影方向是斜的。

2.2 剖视图

1. 剖视图概述

如图 2-9 所示，用视图表达机件时，机件内部的结构形状都用虚线表示，如果视图中虚线过多，会给读图和绘图带来不便，为了清楚地表达机件内部的结构形状，国家标准《机械制图》规定可采用剖视图的表达方法。

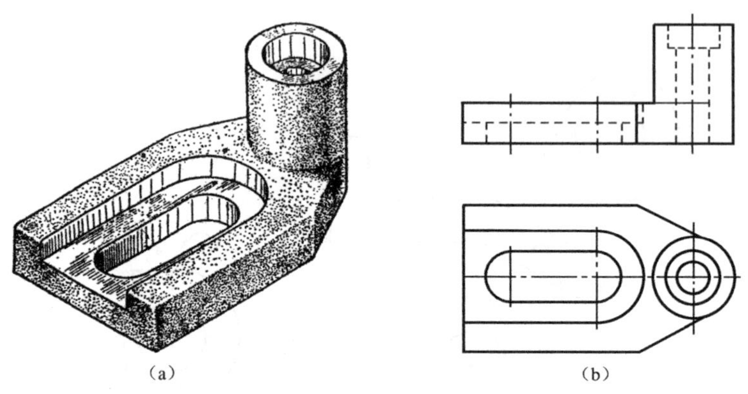

图 2-9　机件的轴测图和视图

（1）剖视图的概念。如图 2-10 所示，假想用剖切面剖开机件，将处在观察者和剖切面之间的部分移去，而将其余部分向投影面投影所得的图形称为剖视图，如图 2-11 所示。

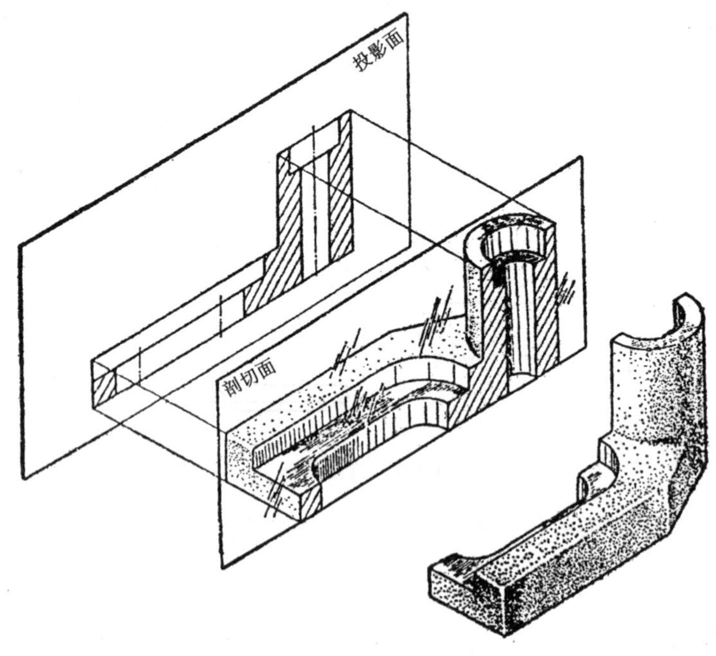

图 2-10　作剖视的过程

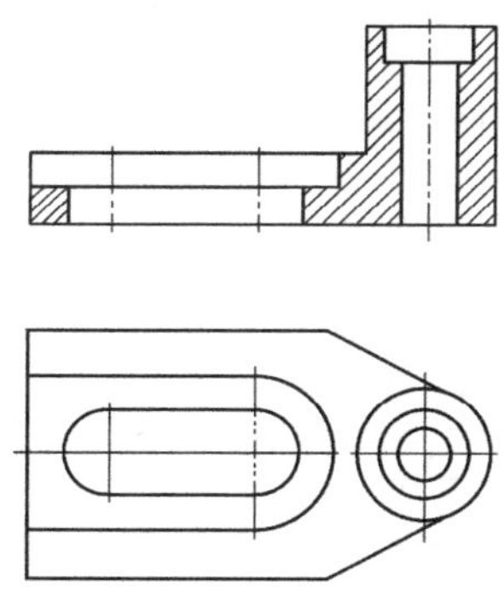

图 2-11　机件的剖视图

（2）剖视图的识别方法。

① 先找到剖切面的剖切位置。一般应在剖视图上方用字母标注出剖视图的名称“*X-X*”，在相应的视图上用剖切符号表示剖切位置，用箭头表示投影方向并注上同样的字母。

单一剖切平面通过机件的对称平面或基本对称平面，且剖视图按投影关系配置，中间又没有其他图形隔开时，可省略标注。如图 2-12 所示。

② 国家标准规定，剖切面与机件接触部分，即断面上应画上剖面符号，机件材料不同，其剖面符号画法也不同，如表 2-1 所示，其中金属材料的剖面符号为与水平成 45° 的等距平行细实线，同一零件的所有剖面图形上，剖面线方向及间隔要一致，如图 2-12 所示。

表 2-1　剖面符号

材料		剖面符号	材料	剖面符号
金属材料（已有规定剖面符号者除外）			木质胶合板（不分层数）	
线圈绕阻元件			基础周围的泥土	
转子、电板、变压器和电抗器等的选钢片			混凝土	
非金属材料（已有规定剖面符号者除外）			钢筋混凝土	
型砂、填砂、粉末冶金、砂轮、陶瓷刀片、硬质合金刀片等			砖	
玻璃及供观察用的其他透明材料			格网（筛网、过滤网等）	
木材	纵剖面		液体	
	横剖面	或		

注：① 剖面符号仅表示材料的类别，材料的名称和代号必须另行注明。

② 选钢片的剖面线方向，应与表中选钢片的方向一致。

③ 剖面用细实线绘制。

当图形中的主要轮廓线与水平成 45°时，应将该图形的剖面线画成 30°或 60°平行线，其倾斜方向仍应与其他图形剖面线方向一致，如图 2-13 所示。

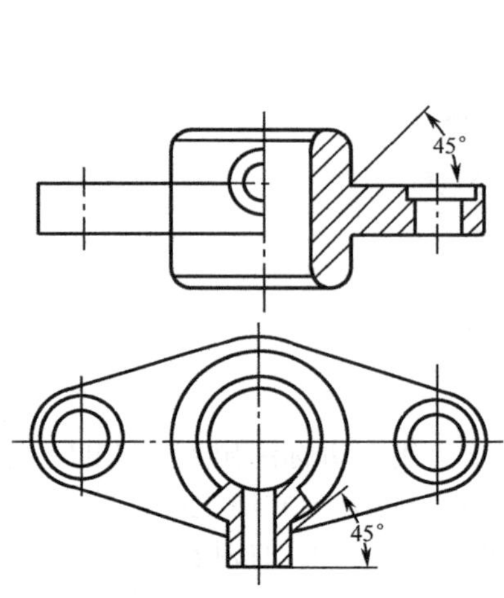

图 2-12　剖面线的画法（一）

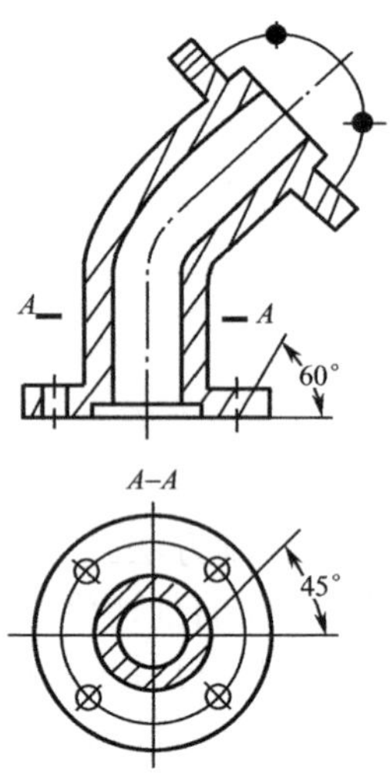

图 2-13　剖面线的画法（二）

③ 剖视是一个假想的作图过程。因此一个视图画成剖视图后，其他视图仍应按完整机件画出。画剖视图时，在剖切面后面的可见轮廓线也应画出，初学者常常会忽略这一点，或只画出剖切面重合部分的图形，如图 2-14 所示。

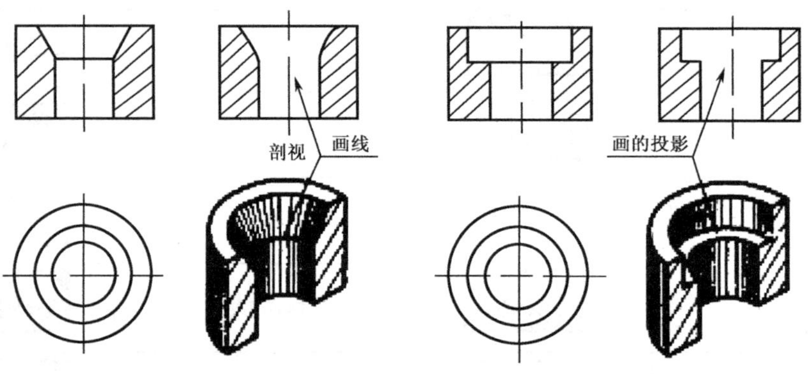

图 2-14　剖切面后的可见轮廓

2．剖切面及其剖切方法

由于机件内部形状变化很多，故常常选用不同数量、形状及相对位置的剖切面来剖切机件，才能把它们的内部形状表达得更清楚恰当。

（1）单一剖切面。一般用一个平面剖切机件，如图 2-15（*B-B*）所示。

单一剖切平面通过机件的对称平面或基本对称平面，且剖视图按投影关系配置，中间又没有其他图形隔开时，可省略标注。

（2）几个相交的剖切平面。这种剖切方法常用于画轮盘类零件或具有公共回转轴线的叉架类零件的剖视图，如图 2-16、图 2-17 所示。

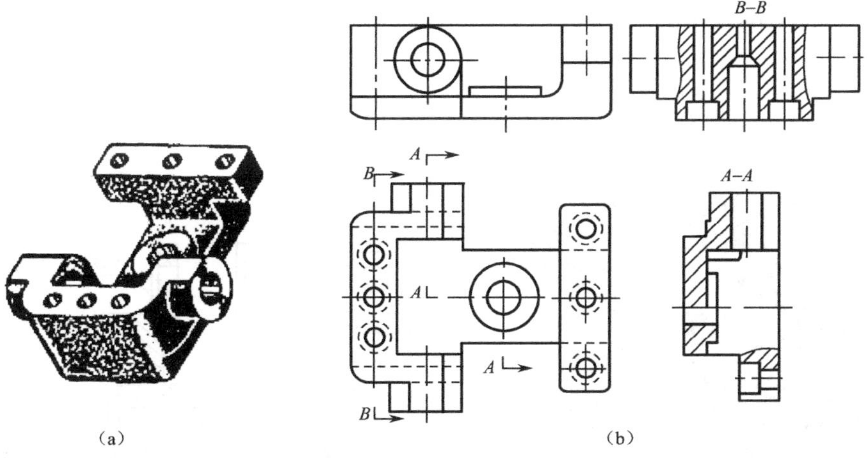

图 2-15　剖视图的配置

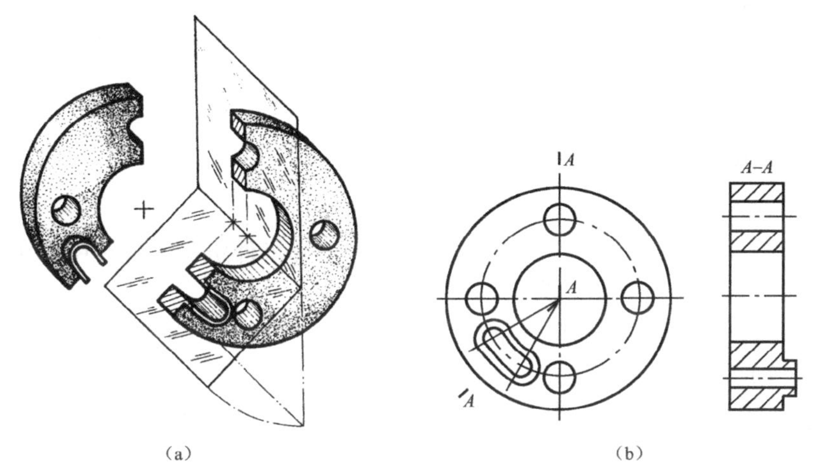

图 2-16　几个相交的剖切面

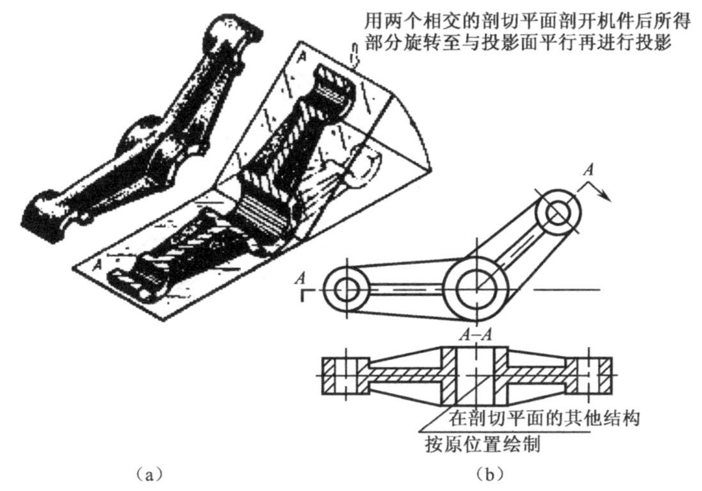

图 2-17　几个相交的剖切面的画法

（3）几个平行的剖切平面，如图 2-18 所示。

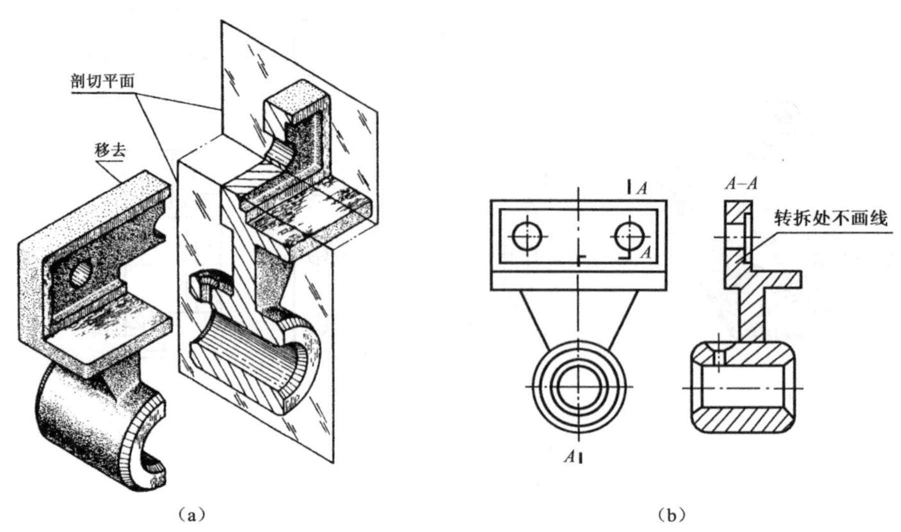

图 2-18　几个平行的剖切平面

3. 剖视图的种类

剖视图可分为全剖视图、半剖视图和局部剖视图。

（1）全剖视图。用剖切面（一个或几个）完全地剖开机件所得的剖视图称为全剖视图。如图 2-11、图 2-16、图 2-17 所示均为全剖视图。

全剖视图主要用于表达不对称机件的内形，即当机件外形简单，内形复杂，且视图为不对称图形时，常用全剖视图画法。

全剖视图的标注，应区分情况不同对待，当剖切平面通过机件对称或基本对称平面，且剖视图按投影关系配置，中间又无其他视图隔开时，可省略标注，如图 2-19 所示的主视图，而左视图不具备以上条件，则必须按规定方法标注。

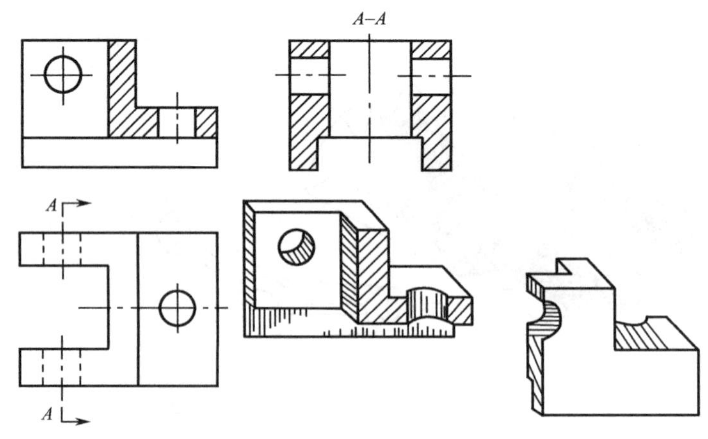

图 2-19　全剖视图及其标注

识图时，由于全剖视图破坏了外形，因此需要几个视图联系起来看。

（2）半剖视图。当机件具有对称平面时，在垂直于对称平面的投影面上投影所得的图形，以对称中心线为界，一半画成剖视，另一半画成视图，称为半剖视图，如图 2-20 所示。

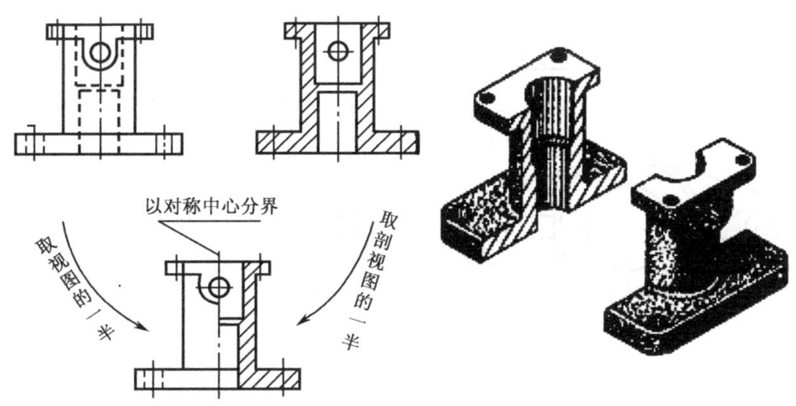

图 2-20 半剖视图的形成

如图 2-21 所示，机件的主视图和俯视图均为半剖视图，其剖切方法如立体图所示，半剖视图中用半个剖视图表达了机件的内部形状，半个视图表示机件的外部形状，因此它是内外形状都比较复杂的对称机件常用的表达方法。

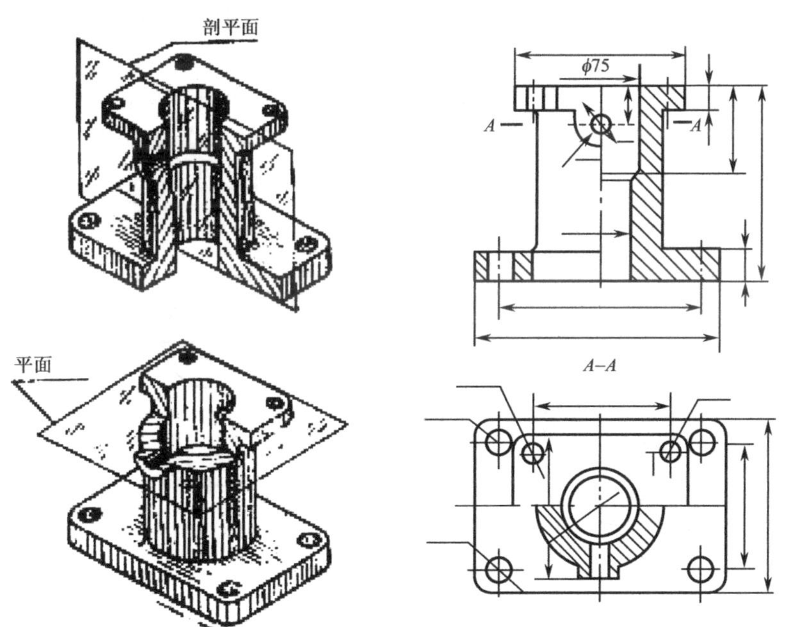

图 2-21 半剖视图及尺寸标注

若机件的形状接近于对称，且不对称部分已另有图形表达清楚，也可画成半剖视图，如图 2-22 所示。

半剖视图的标注方法与全剖视图相同，主视图所采用的剖切平面通过机件的前后对称平面，故不需标注，而俯视图所用剖切平面通过的平面并非对称平面，所以必须标出剖切位置和名称，但箭头可省略。

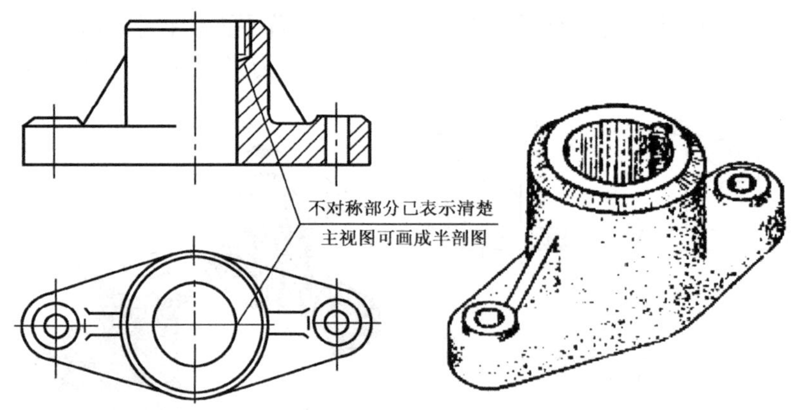

图 2-22　半剖视图表达基本对称机件

注意

在半剖视图中，视图与剖视图的分界线应是细点划线，而不应画成粗实线，也不应与轮廓线重合。在半个视图中不应再画虚线（由于在另一半剖视图中已表达清楚其内形），但对于孔或槽等，应画出中心线位置。

（3）局部剖视图。用剖切面局部剖开机件所得的剖视图称为局部剖视图。局部剖视图既能把机件局部内形表达清楚，又能保留机件的某些外形，其剖切面的位置与范围可根据机件需要而定，是一种很灵活的表达方法。

局部剖视图常用于仅有部分内形要表达而没有必要采用全剖视图的情况，如图 2-23 所示；或者内外形均需表达而机件又不对称，不宜采用半剖图，如图 2-24 所示；或者虽然对称但其图形的对称中心线正好与轮廓线重合，也不宜采用半剖视图，这时可采用局部剖视，如图 2-25 所示。

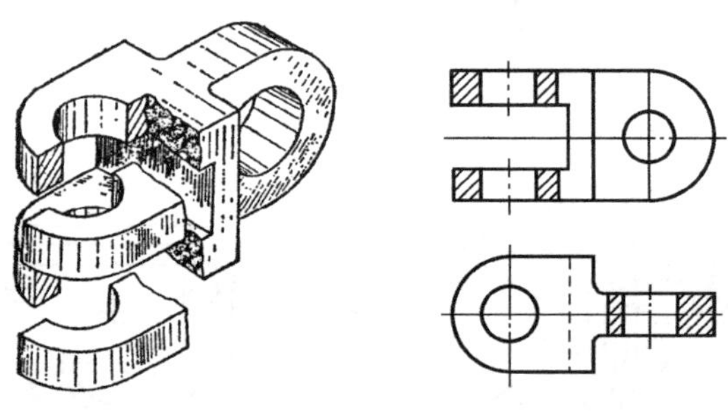

图 2-23　局部剖视图

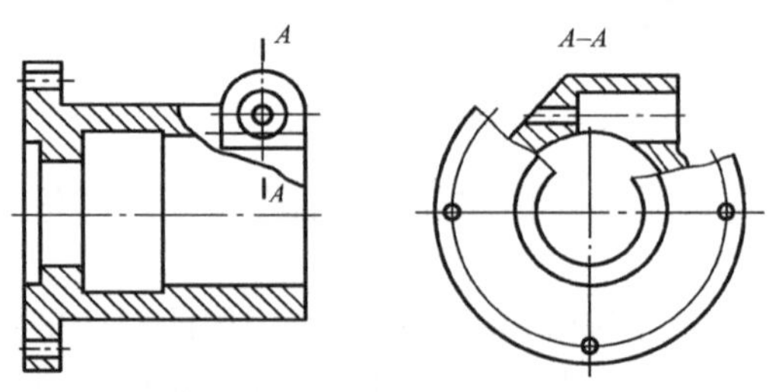

图 2-24　局部剖视图示例（一）

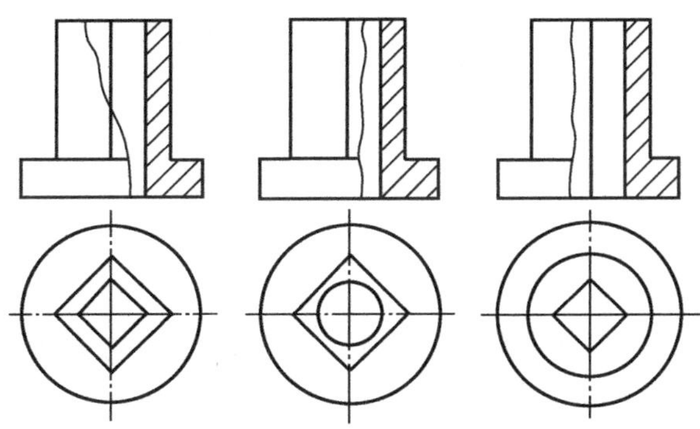

图 2-25　局部剖视图示例（二）

局部剖视图以波浪线为界，波浪线不应与轮廓线重合，也不可以用轮廓线代替，更不能超出轮廓线之外，如图 2-26 所示。

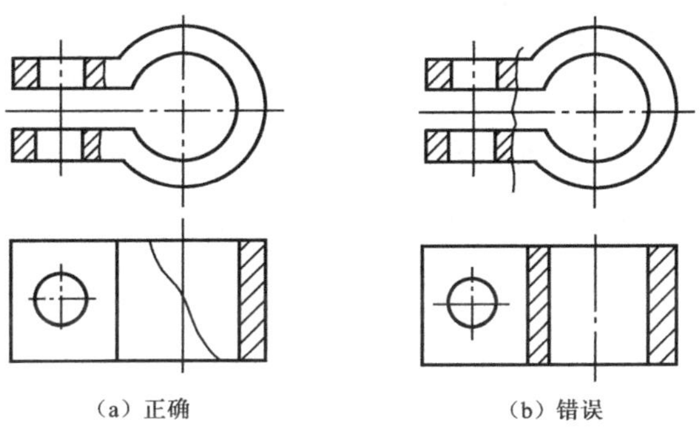

图 2-26　局部剖视图波浪线的画法

当单一剖切平面的剖切位置明显时，局部剖视图的标注可以省略。在一个视图中，局部视图数量不宜过多，否则会感到图形零散，影响识读。

2.3　断面图

假想用剖切面将机件中的某处切断，仅画出断面的图形，称为断面图，简称断面，如图 2-27（b）所示。

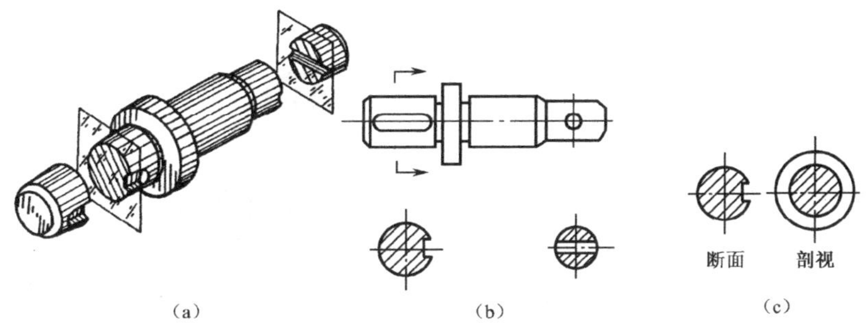

图 2-27　断面

断面图与剖视图的区别在于：断面图仅画出物体剖切处断面的形状，而剖视图除画出剖切处断面的形状之外，还应画出剖切平面（断面）后的可见部分的投影，如图 2-27（c）所示。

断面图常用于表达机件上的局部结构，例如肋板、轮辐、键槽和孔等。

断面图可分为移出断面和重合断面两种。

1. 移出断面

画在视图轮廓线范围之外的断面称为移出断面。移出断面的轮廓线用粗实线绘制。

移出断面应尽量配置在剖切线的延长线上，如图 2-28（a）所示，当断面图形对称时，也可画在视图的中断处，如图 2-28（b）所示，必要时也可配置在其他适当的位置。

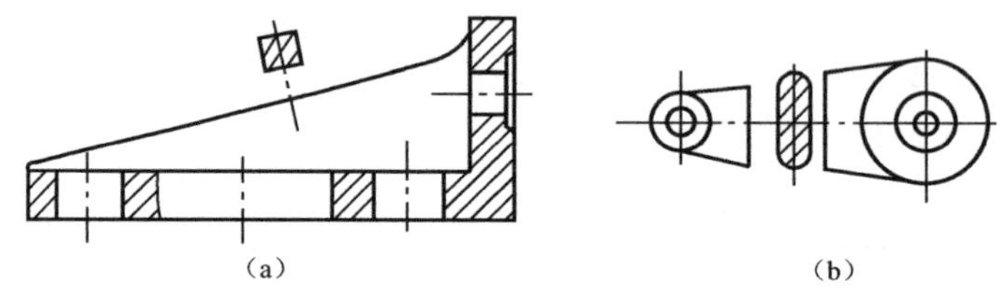

图 2-28 移出断面图的配置

在不致引起误解时，允许将图形旋转，如图 2-29 所示。

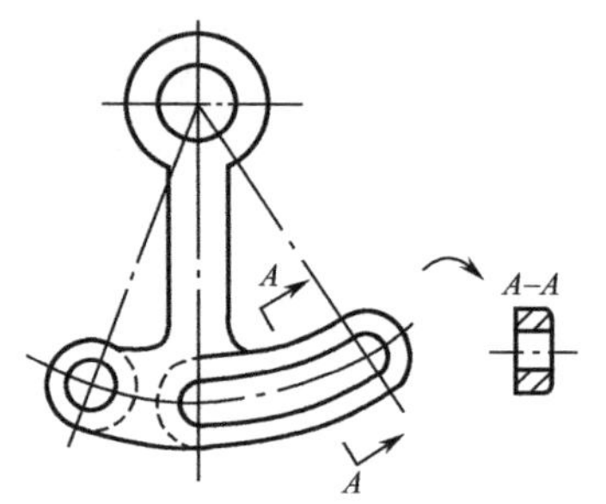

图 2-29 剖切面通过非圆孔

为反映断面的实形，剖切平面一般应与机件的主要轮廓线或轴线垂直，如图 2-30 所示，若被剖切轮廓线为圆弧，则剖切平面应通过圆弧中心，如图 2-29 所示，由两个或多个相交的剖切平面剖切得到的移出断面，中间一般应断开，如图 2-31 所示。

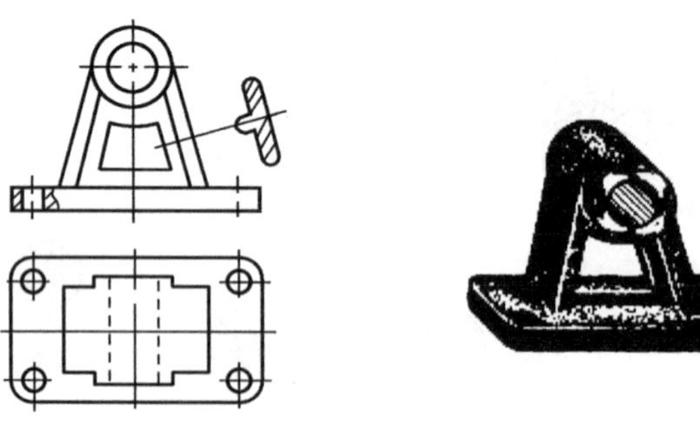

图 2-30 剖切平面应与轮廓线垂直

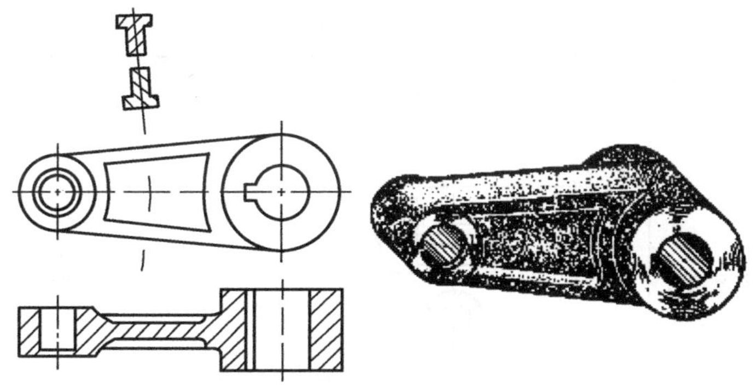

图 2-31　用相交平面剖切的剖切面应断开

当剖切平面通过由回转面形成的孔或凹坑的轴线时，这些结构按剖视绘制，如图 2-32 所示。

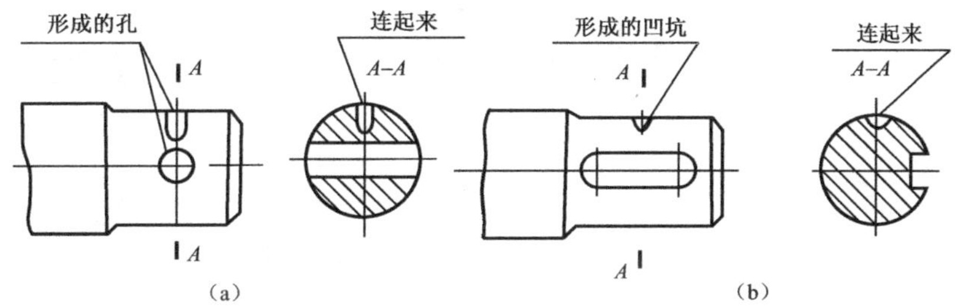

图 2-32　通过圆孔的断面画法

当剖切平面通过非圆孔，会导致出现两个完全分离的断面，这些结构也按剖视绘制，如图 2-33 所示。

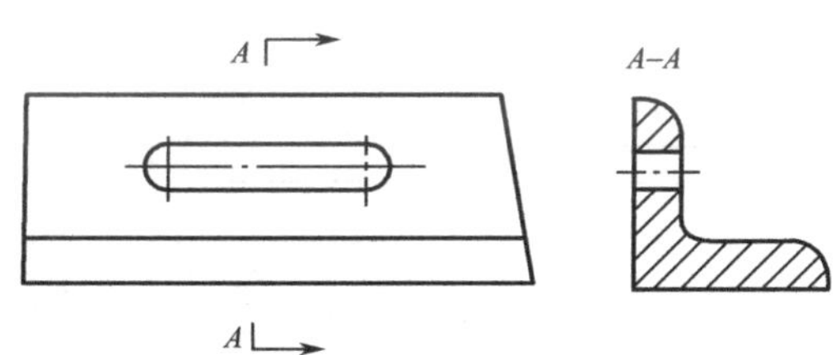

图 2-33　断面分离时的画法

移出断面的标注，一般应用剖切符号表示剖切位置，用箭头表示投影方向，并注上字母，在断面图上应用同样的字母标出相应的名称“*X-X*”，但可根据断面图是否对称及其不同的配置位置作出相应的省略，如表 2-2 所示。

2．重合断面

画在视图轮廓线之内的断面，称为重合断面，如图 2-34 所示，在不致影响图形清晰的情况下可用重合断面。

重合断面的轮廓线用细实线绘制，当剖视图中轮廓线与重合断面的图形重叠时，视图中轮廓线仍应连续画出，不可间断，如图 2-34（a）所示。

表 2-2　移出断面的标注

断面形状 / 断面图 / 配置	对称的移出断面	不对称的移出断面
配置在剖切线或剖切符号延长线上	省略标注	省略字母
不配置在剖切符号延长线上	省略箭头	省略箭头
		需完全标注剖切符号和字母

重合断面的标注：对称的重合断面不必标注，如图 2-34（b）、图 2-34（c）所示。不对称的重合断面需要剖切符号和箭头表示剖切位置和投影方向。

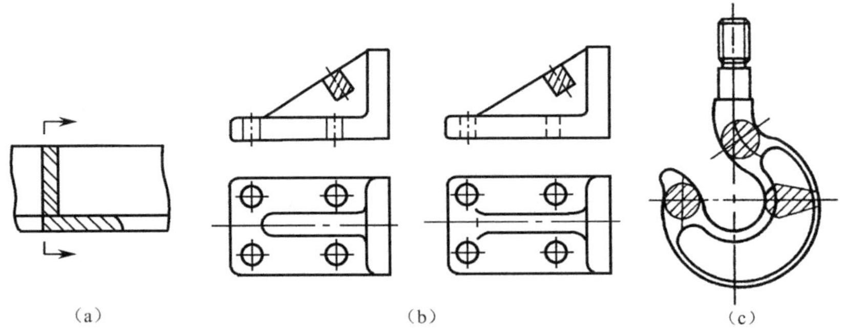

图 2-34　重合断面

2.4　局部放大图和简化表示法

1．局部放大图

将机件的部分结构用大于原图形所采用的比例画出的图形，称为局部放大图，如图 2-35 所示。

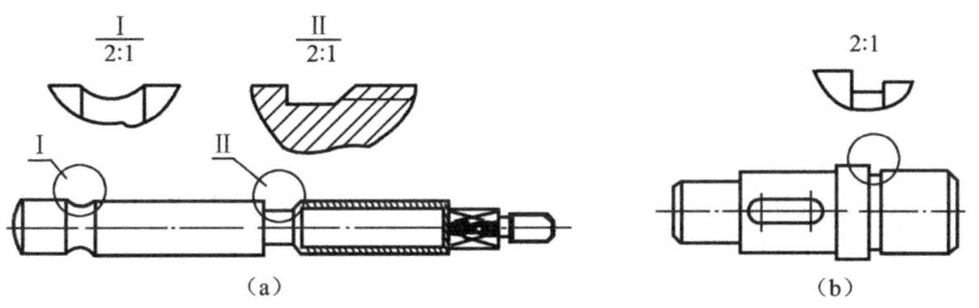

图 2-35　局部放大图

局部放大图可画成视图、剖视、断面，它与放大部位的表达方法无关。局部放大图主要用于表示机件上某些细小结构的形状。局部放大图应尽量配置在被放大部位的附近。

绘制局部放大图时，应按如图 2-35（a），2-35（b）所示，用细实线圆或长圆形圈出被放大部分的部位。当同一物体上有几个被放大的部分时，则必须用罗马数字和指引线依次标明被放大的部位，并在局部放大图的上方正中位置标注出相应的罗马数字和所采用的比例；当机件上仅有一个被放大的部分时，在局部放大图的上方，只需注明放大比例。

2. 简化画法

（1）有关肋板、轮辐等结构的画法。对于机件的肋板、轮辐、薄壁等结构，如纵向剖切，这些结构不画剖面符号，而用粗实线将它们与其相邻结构分开。如图 2-36 所示。

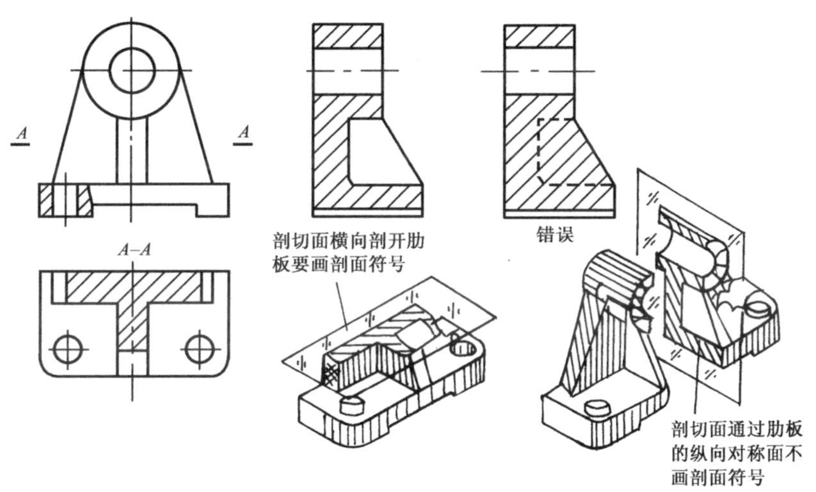

图 2-36　纵向剖切肋板、轮辐等结构

当零件回转体上均匀分布的肋板、轮辐、孔等结构不在剖切平面时，可将这些结构旋转到剖切平面上画出，如图 2-37 所示。

（2）相同结构的简化画法。当机件上具有若干相同结构（齿、槽、孔等）并按一定规律分布时，只需画出几个完整结构，其余用细实线相连或标明中心位置，并注明总数，如图 2-38 所示。

（3）较长的机件断开画法。较长的机件（轴、杆、型材等），沿长度方向的形状一致或按一定规律变化时，可断开后缩短绘制，但必须按原来实长标注尺寸，如图 2-39 所示。机件断裂边缘常用波浪线画出（也可用双点划线或双折线），圆柱断裂处常采用如图 2-40 所示的画法。

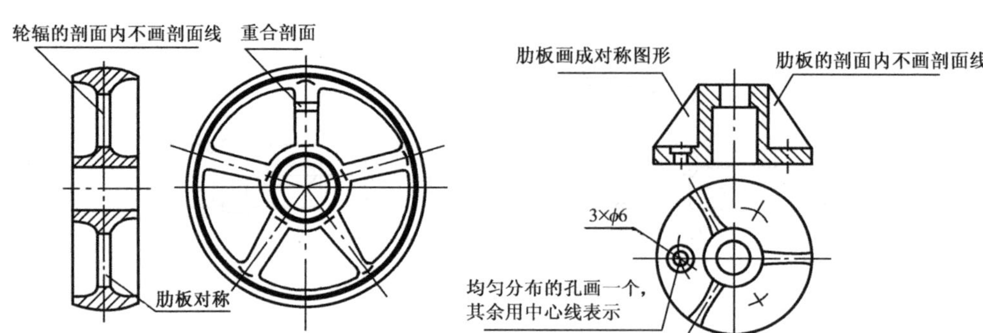

图 2-37　肋板与轮辐的画法

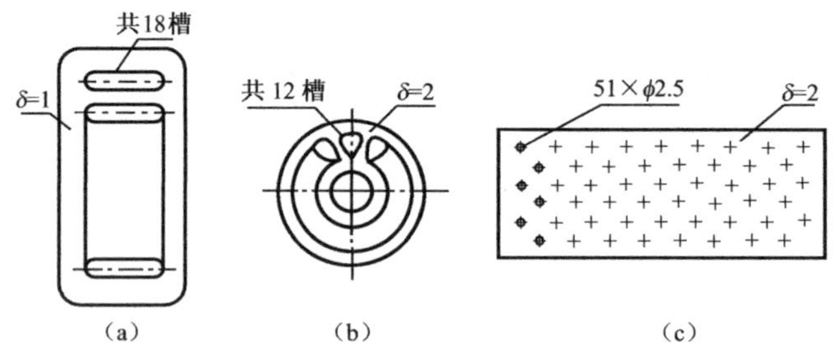

图 2-38　相同结构的简化画法

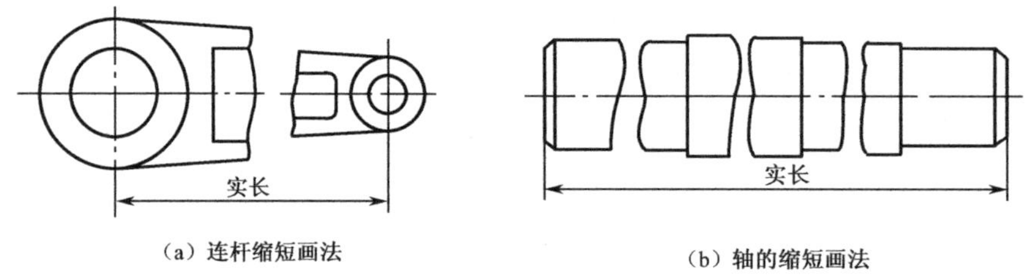

图 2-39　较长机件的简化画法

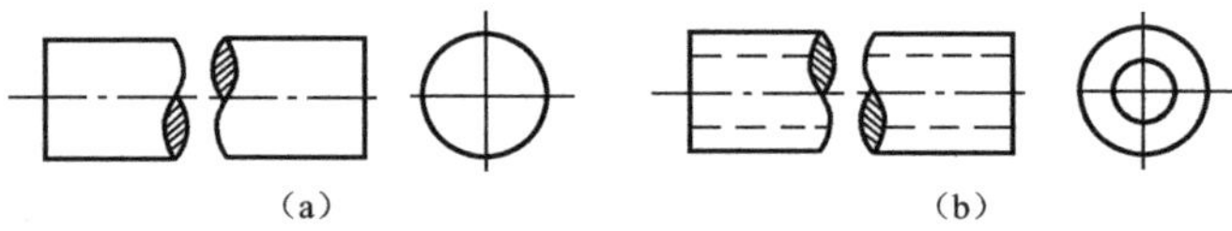

图 2-40　圆柱与圆筒的断裂处画法

（4）移出断面的简化画法。在不致引起误解时，零件图中的移出断面，允许省略剖面符号，但剖切位置和断面图的标注，必须按表 2-2 中的规定进行标注，如图 2-41 所示。

（5）较小结构的简化画法。

① 较小结构的相贯线，在不影响真实感的情况下允许用圆弧或直线简化画出，如图 2-42（b）所示。

② 对于机件上较小的结构及斜度等，已在一个图形中表达清楚时，其他图形应当简化或省略，如图 2-42（a）所示，斜度不大时可按小端面画出。

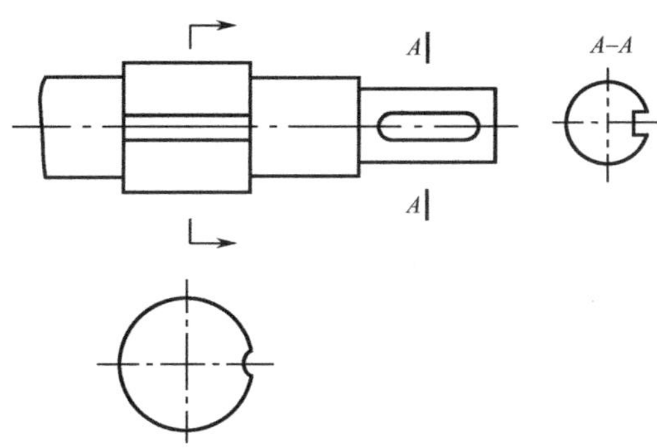

图 2-41　移出断面的简化画法

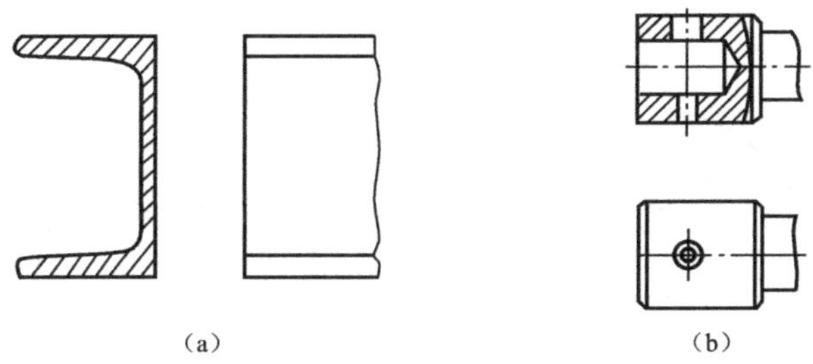

图 2-42　较小结构的简化画法

③ 与投影面倾斜角度小于或等于 30° 的斜面上的圆或圆弧，其投影可用圆或圆弧代替，如图 2-43 所示。

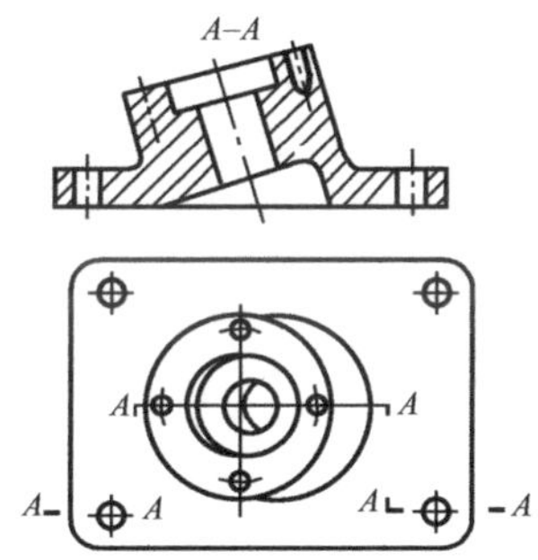

图 2-43　小于 30° 斜面上圆或圆弧的简化画法

④ 小圆角和 45° 小倒角在零件图中可不画，但必须注明尺寸或在技术要求中加以说明，如图 2-44 所示。

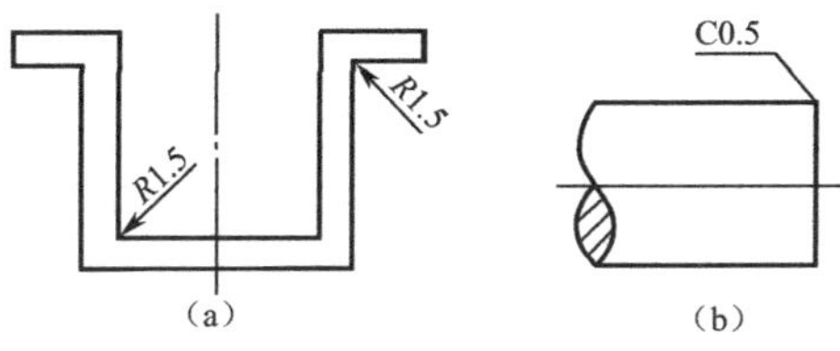

图 2-44　小圆角和 45° 小倒角简化画法

（6）用平面符号（两相交细实线）表示平面的画法，如图 2-45 所示。

（7）滚花的画法，如图 2-46 所示。

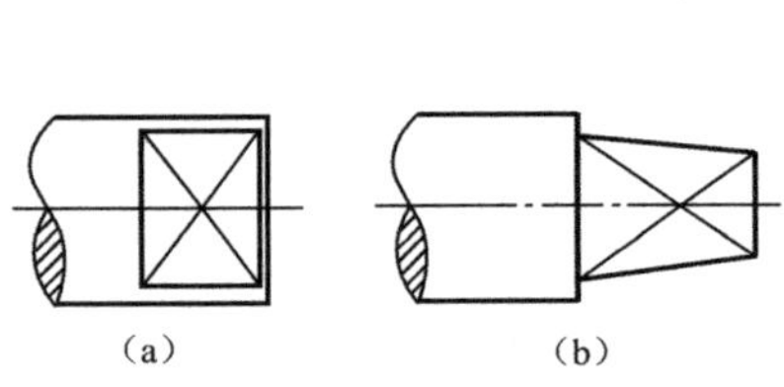

图 2-45　平面符号的画法

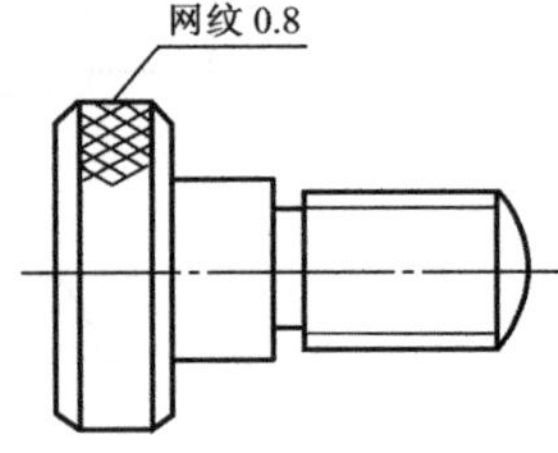

图 2-46　滚花的画法

（8）对称机件的简化画法，如图 2-47 所示。

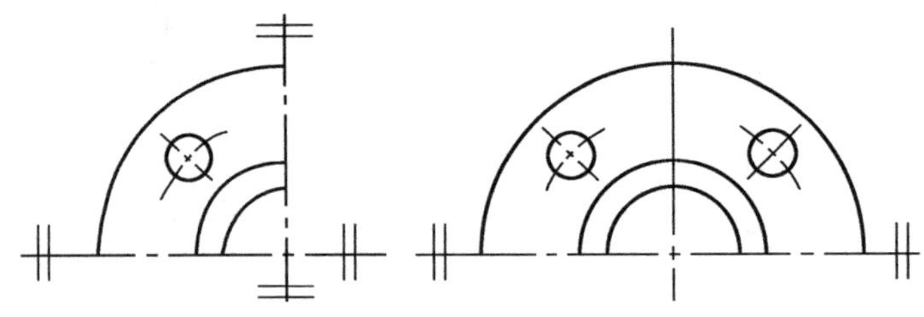

图 2-47　对称机件的简化画法

2.5　标准件与常用件

在各种机器和设备中，经常用到的螺栓、螺母、垫圈、齿轮、键、销和轴承等零件，通称为常用件，它们的形状和尺寸在制造时由专门的刀具和专用机床来保证。这些零件的形状大部分已经标准化，它们的画法、代号和标记等在国家标准中都已作了明确的规定。只有了解这些零件的规定画法，才能看懂各种机械图样。

2.5.1　螺纹及螺纹紧固件

1. 螺纹

螺纹是圆柱或圆锥表面上沿着螺旋线所形成的具有规定牙型的连续凸起和沟槽。在机器设备中，常用作零件之间的连接和传动。在圆柱或圆锥外表面上形成的螺纹称外螺纹。在圆柱或圆锥孔内表面上形成的螺纹称内螺纹。

（1）螺纹的要素。

① 牙型。在通过螺纹轴线的剖面上螺纹的轮廓形状为螺纹的牙型。常见的螺纹牙型有三角形、梯形、锯齿形和方形等多种，它们的牙型角及牙型符号如表 2-3 所示。

② 螺纹直径。螺纹的直径分大径、小径、中径。外螺纹分别用 d、d_1、d_2 表示。内螺纹分别用 D、D_1、D_2 表示。与外螺纹的牙顶或内螺纹的牙底相重合的假想圆柱面的直径称为大径。与外螺纹的牙底或内螺纹的牙顶相重合的假想圆柱面的直径称为小径。中径是一个假想圆柱的直径，该圆柱的母线通过牙型上沟槽和凸起宽度相等地方，称为中径，如图 2-48 所示。

表 2-3　常用标准螺纹的牙型及符号

螺纹种类及牙型符号		外 形 图	牙 型 图	说 明
连接螺纹	普通螺纹 M		60°	分粗牙和细牙两种，细牙的螺距较粗牙小，粗牙用于一般机件的连接，细牙用于薄壁或紧密连接的零件
	非螺纹密封的管螺纹 G		55°	螺纹牙的大小以每英寸内的牙数表示，用于管路零件的连接
	用螺纹密封的管螺纹 圆锥外螺纹 R 圆锥内螺纹 Rc 圆柱内螺纹 Rp		55°	用于高温、高压系统和润滑系统，适用于管子、管接头、旋塞、阀门等
	60°圆锥管螺纹 NPT		60° φ	用于汽车、拖拉机、机床等水、油、气输送系统的管连接
传动螺纹	梯形螺纹 Tr		30°	用于传递运动或动力
	锯齿形螺纹 B		3° 30°	用于传递单向动力

③ 线数（n）。螺纹的线数是指形成螺纹时的螺旋线的条数。螺纹有单线和多线之分。

④ 螺距（P）和导程（P_h）。螺纹相邻两牙在中径线上对应两点间的轴向距离，称为螺距，用 P 表示。同一条螺旋线上的相邻两牙在中径线上对应两点间的轴向距离，称为导程，用 P_h 表示。单线螺纹的导程与螺距相等，如图 2-49（a）所示，双线螺纹的导程等于两倍的螺距，如图 2-49（b）所示。

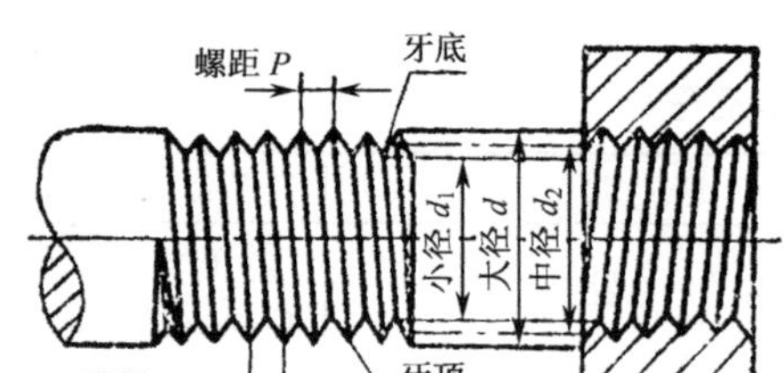

图 2-48　螺纹的直径要素

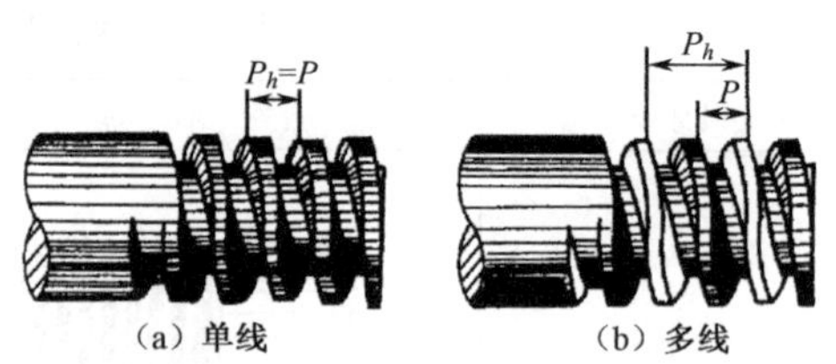

图 2-49　单线与多线螺纹

螺距、导程和线数存在以下关系：

$$P_h = n \times P$$

⑤ 旋向。螺纹的旋向有左旋和右旋之分。顺时针旋转时旋入的螺纹是右旋螺纹；逆时针旋转时旋入的螺纹是左旋螺纹。常用的是右旋螺纹，旋向可以按如图 2-50 所示的方法判别。

内、外螺纹成对使用，只有当上述要素完全相同时，才可旋合在一起。

为了便于设计和制造，国家标准对上述五项要素中牙型、公称直径（大径）和螺距作了规定。三要素符合国家标准的称为标准螺纹；牙型符合标准，而公称直径或螺距不符合标准的，称为特殊螺纹，牙型不符合标准的，如方牙螺纹，称为非标准螺纹。

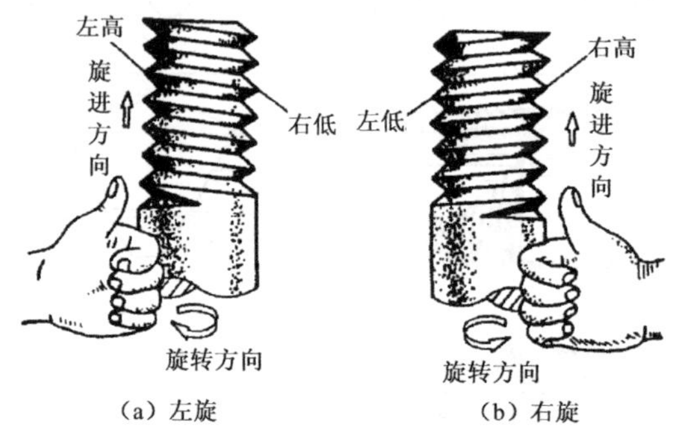

图 2-50　螺纹的旋向

2．螺纹的表示法（GB/T 4459.1—1995）

（1）螺纹的牙顶圆的投影用粗实线表示，牙底圆的投影用细实线表示，在螺杆的倒角或倒圆部分也应画出。在垂直于螺纹轴线的投影面的视图中，表示牙底圆的细实线只画 3/4 圈，此时，螺杆或螺纹孔上的倒角投影不应画出，如图 2-51（a）所示。

（2）有效螺纹的终止界线（简称螺纹终止线）用粗实线表示，如图 2-51（b）所示。

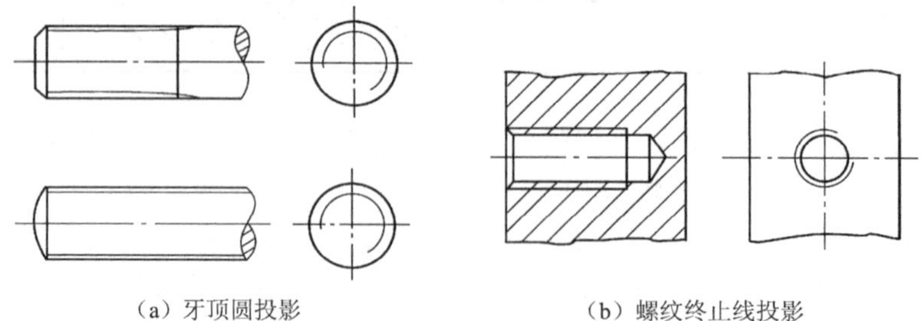

图 2-51　螺纹的表示法

（3）螺纹尾部一般不必画出，当需要表示螺尾时，螺尾的部分用与轴线成 30° 的细实线画出。

（4）不可见螺纹的所有图线用虚线绘制，如图 2-52 所示。

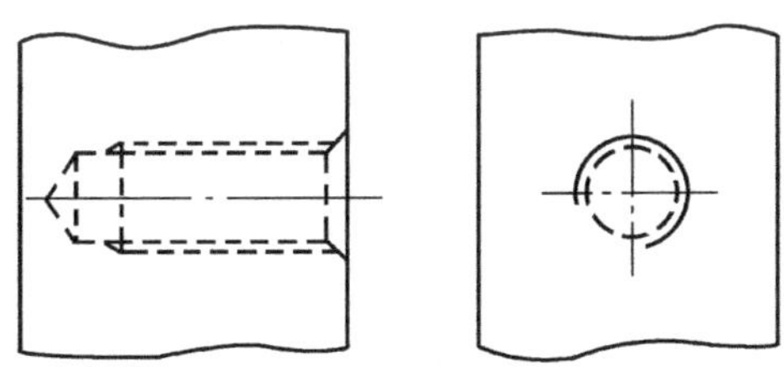

图 2-52　不可见螺纹的画法

（5）无论是外螺纹还是内螺纹，在剖视图或断面图中的剖面线都应画到粗实线。

（6）绘制不穿通的螺孔时，一般应将孔深度与螺纹部分的深度分别画出，钻孔锥角应画成 120°。

（7）当需要表示螺纹牙型时，可按如图 2-53 所示的形式绘制。

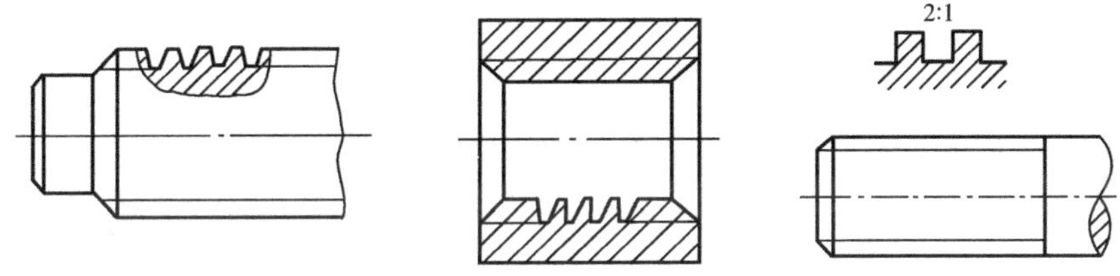

图 2-53　螺纹牙型的画法

（8）以剖视图表示内外螺纹的连接时，其旋合部分按外螺纹的画法绘制，其余部分仍按各自的画法表示，如图 2-54 所示。

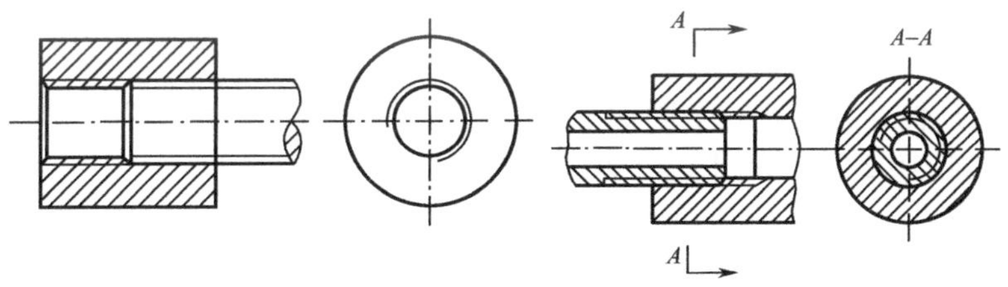

图 2-54　螺纹旋合的画法

3．螺纹的标记及标注方法

螺纹采用规定画法后，为区别各种不同的螺纹，必须在图上进行螺纹标注。

（1）螺纹的标记。螺纹标记由三部分组成，即螺纹代号、公差带代号和旋合长度代号。每部分用横线隔开。其中螺纹代号又包括特征代号、公称直径、螺距和旋向。标记格式为

特征代号　公称直径×导程（螺距 P）旋向–公差带代号–旋合长度代号

单线螺纹导程与螺距相同，则导程（螺距 P）改为螺距。

➢ 普通螺纹

① 普通螺纹的特征代号为“M”，有粗牙和细牙之分。粗牙普通螺纹不标注螺距。细牙普通螺纹的螺距因有多种，故必须标注螺距。普通螺纹直径与螺距系列可查附录 A 表 A-1。当螺纹为左旋螺纹时在尺寸规格之后加注“LH”字样，右旋则不标注。

② 螺纹公差带代号用于说明螺纹加工精度的要求。

例如“5g6g”前面的“5g”表示中径公差带代号，后面的“6g”表示顶径公差带代号。小写字母表示外螺纹。如果中径公差带代号和顶径公差带代号相同，则只标注一个代号，如“6H”，大写字母表示内螺纹。

③ 螺纹的旋合长度有三种表示法：L——长旋合长度；N——中等旋和长度；S——短旋合长度。一般中等旋合长度不标注。特殊情况下可注明旋合长度的数值。

例如标记：M16×1 LH−5g6g−S，其含义为：

普通螺纹（M），公称直径为 16mm，细牙，螺距 1mm，左旋（LH），中径公差带代号 5g，顶径公差带代号 6g，短旋合长度（S）。

例如标记：M24−6H−L，其含义为：

普通螺纹（M），公称直径为 24mm，粗牙（螺距不标），中径公差带代号和顶径公差带代号均为 6H，长旋合长度（L）。

➢ 梯形螺纹

① 梯形螺纹的特征代号为“Tr”。

单线梯形螺纹标注格式为：“Tr 公称直径×螺距”。

多线梯形螺纹标注格式为：“Tr 公称直径×导程（螺距 *P*）”或“Tr 公称直径×导程/线数”。

② 梯形螺纹为左旋时，在螺纹代号后面加注“LH”，右旋则不需要标注。

③ 梯形螺纹只标注中径公差带代号，为保证传动平稳性，旋合长度不能太短，所以没有短旋合长度（S）。

例如标记：Tr40×14（P7）LH−7H−L 其含义为：

梯形螺纹（Tr），公称直径 40mm，导程 14mm，螺距 7mm，双线螺纹，左旋（LH），中径公差带代号为 7H，长旋合长度（L）。

➢ 锯齿形螺纹

锯齿形螺纹的具体标记格式完全同梯形螺纹一致，特征代号为“B”。

例如标记：B24×10/2 LH−7e−L，其含义为：

锯齿形螺纹（B），公称直径 24mm，导程 10mm，螺距 5mm，双线螺纹，左旋（LH），中径公差带代号为 7e ，长旋合长度（L）。

➢ 管螺纹

管螺纹的标注形式为螺纹特征代号、尺寸代号和公差等级代号。当内外螺纹只有一种公差等级时，省略标注。

管螺纹的种类有：60° 圆锥管螺纹，非螺纹密封的管螺纹，用螺纹密封的管螺纹。

① 60° 圆锥管螺纹，特征代号为 NPT，内、外螺纹的标记相同，且只有一种公差等级，故不需标注。

例如标记：NPT 3/8−LH。

② 非螺纹密封的管螺，特征代号为 G，外螺纹公差等级分 A 级和 B 级两种，内螺纹公差等级只有一种，故不需标注。

例如标记：G 1/2 LH；G 1/2 A。

③ 用螺纹密封的管螺纹，特征代号分别为 R（圆锥外螺纹）、Rc（圆锥内螺纹）、Rp（圆柱内螺纹），内、外螺纹公差等级只有一种，故不需标注。

例如标记：R 1/2；Rc 1/2；Rp 1/2。

（2）螺纹标记在图样上的标注。

① 公称直径以毫米为单位的螺纹，其标记应直接注在大径的尺寸线上或注在其引出线上，如图 2-55 所示。

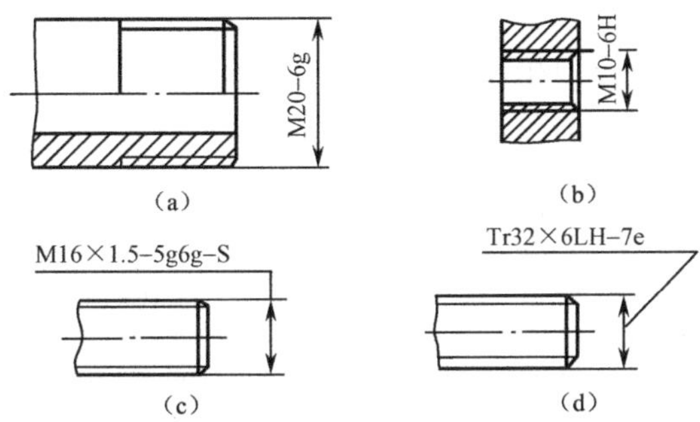

图 2-55　螺纹的标注方法（一）

② 管螺纹的标记一律注在引出线上，引出线应由大径处引出，或由对称中心处引出，如图 2-56 所示。

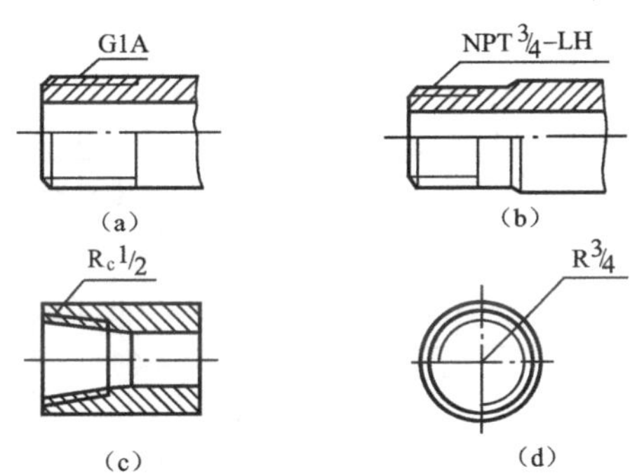

图 2-56　螺纹的标注方法（二）

③ 米制锥螺纹的标记一般应注在引出线上，引出线应由大径或对称中心处引出，也可以直接标注在从基面处引出的尺寸线上，如图 2-57 所示。

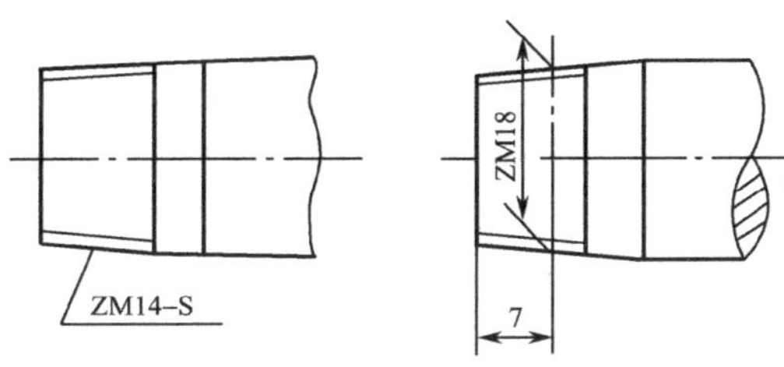

图 2-57　螺纹的标注方法（三）

4．螺纹紧固件的规定画法和标注

常用的螺纹紧固件有：螺栓、螺柱、螺钉、螺母和垫圈等。这类零件都已标准化，并由标准件厂大量生产。在设计时，只需注明其规定标记，一般不需要画它们的零件图。而在装配中，螺纹连接应用广泛，必须以装配连接的形式绘制。

（1）装配图螺纹紧固件的简化画法，参见附录 A 表 A-2。

（2）螺纹紧固件画法的规定。在装配图中，为了便于区分不同零件，并正确理解零件之间的装配关系，在画法上有以下几项规定：

① 相邻零件的接触表面和配合表面，画一条粗实线。

② 两个相邻零件，剖面线方向相反或方向一致，而平行线的间距不等。

③ 同一零件在各视图中的剖面线方向和间距必须一致。

④ 当剖切平面通过螺栓、螺母、垫圈等连接件及实心件时，均按不剖绘制。

⑤ 螺纹紧固件的工艺结构，如倒角、退刀槽等均可省略不画。

（3）螺纹紧固件的识读。螺纹紧固件的种类虽然很多，但其连接形式可归为螺栓连接、螺柱连接和螺钉连接三种。

① 螺栓连接的识读。螺栓用来连接不太厚并能钻成通孔的零件。螺栓穿入两个零件的光孔（孔径取 1.1d）再套上垫圈，然后用螺母拧紧。垫圈的作用是防止损伤零件的表面，并能增加支承面积，使其受力均匀。

如图 2-58 所示为螺栓连接，其中螺栓、螺母、垫圈的各部分尺寸与螺栓公称直径 d 的比例关系如图 2-59 所示。

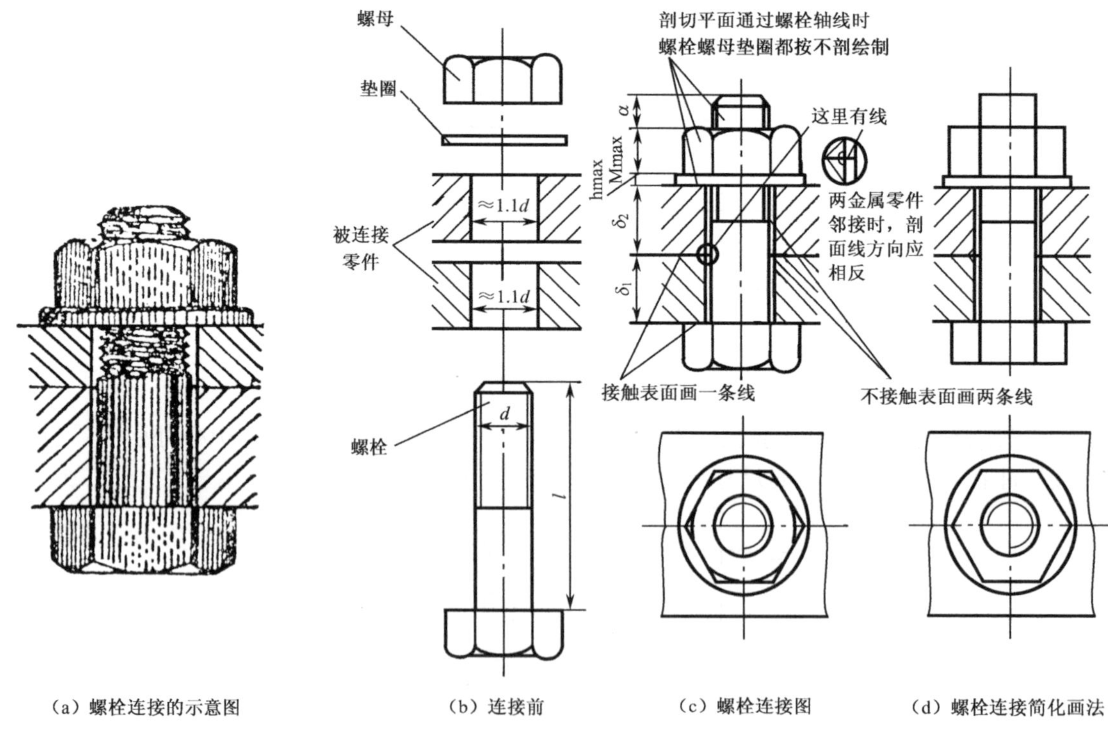

（a）螺栓连接的示意图　（b）连接前　（c）螺栓连接图　（d）螺栓连接简化画法

图 2-58　螺栓连接

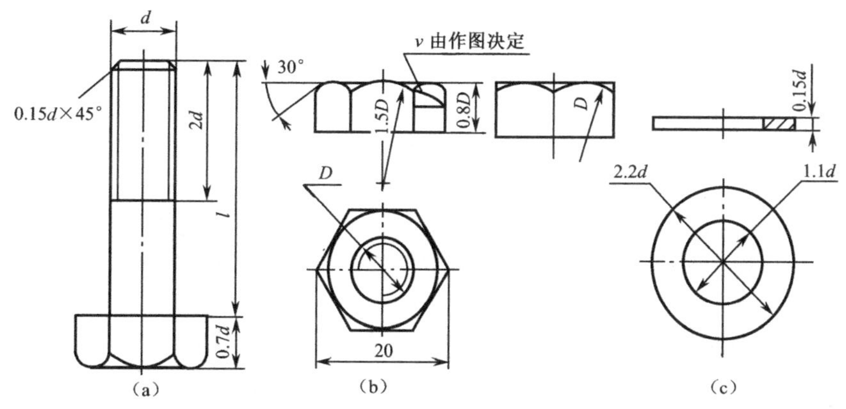

图 2-59　单个紧固件的比例画法

② 双头螺柱连接的识读。如果被连接两零件之一较厚，或不允许钻成通孔而难于采用双头螺栓连接时，可采用螺柱连接。螺柱的两端都制有螺纹。连接前，先在较厚的零件上加工出螺孔，在另一较薄的零件上加工出通孔（孔径≈1.1d）。把一端全部旋入较厚零件的螺孔中，一般不再旋出，称为旋入端，另一端则穿过较薄零件的通孔，套上垫圈，用螺母紧固，称为紧固端，如图 2-60 所示。

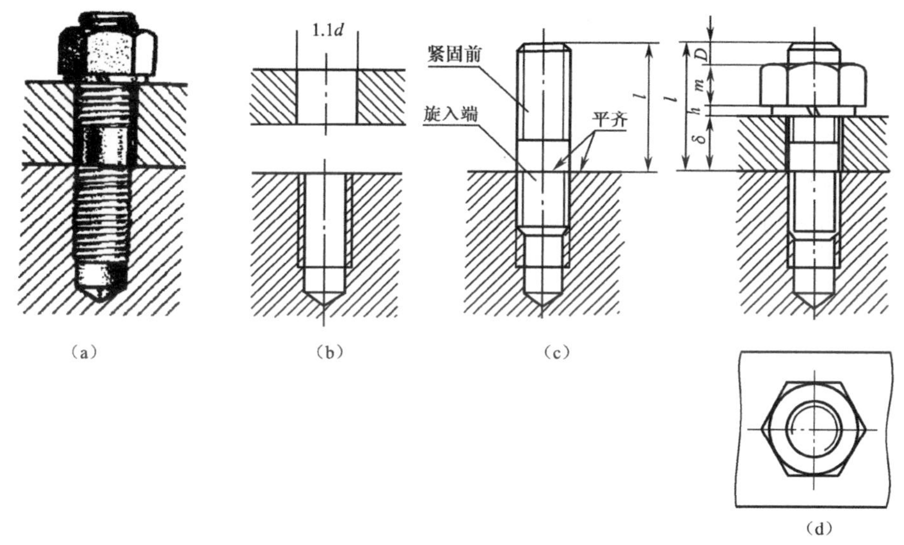

图 2-60　螺柱连接

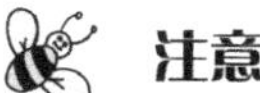

注意

读双头螺柱装配图的注意事项：

（1）旋入机件一端的螺纹，必须画成全部旋入螺孔的形式。

（2）如图 2-60 所示，采用的是弹簧垫圈，依靠它的弹力，可防止螺母因震动而自行松脱。其开口方向应画成向左倾斜 60°，其他的画法与螺栓连接画法相同。

③ 螺钉连接的识读。螺钉连接按用途可分为连接螺钉和紧定螺钉两类，前者用于连接

零件，后者用于固定零件。

➢ 连接螺钉

连接螺钉一般用于受力不大的场合，使用时将螺杆穿过较薄的被连接件的通孔后，直接旋入较厚的被连接零件的螺孔内，实现两者的连接。连接螺钉的简化画法如图 2-61 所示。

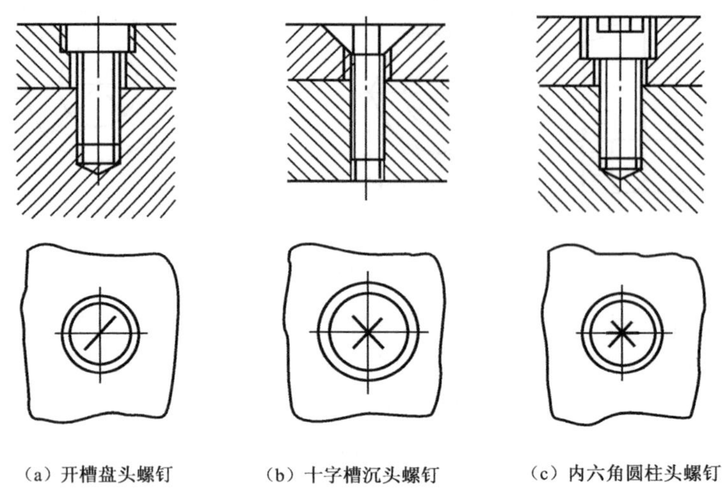

(a) 开槽盘头螺钉　(b) 十字槽沉头螺钉　(c) 内六角圆柱头螺钉

图 2-61　螺钉连接画法

注意

读螺钉连接装配图时，应注意以下几点：

（1）螺钉的螺纹终止线应高于两零件的结合面，表示螺钉有拧紧余地，以保证连接紧固。

（2）在投影为圆的视图中，螺钉头部的一字槽、十字槽应画成与水平成 45° 的斜线。

（3）与螺钉头部接触的被连接件，一定要制成光孔，而不能制成螺孔。

➢ 紧定螺钉

紧定螺钉用来固定两个零件的相对位置，使它们不产生相对运动。如图 2-62 所示的轴和齿轮（图中仅画出轮毂部分），用一个开槽紧定螺钉旋入轮毂的螺孔，使螺钉端部的 90° 锥顶与轴上的 90° 锥坑压紧，从而固定了轴和齿轮的相对位置。

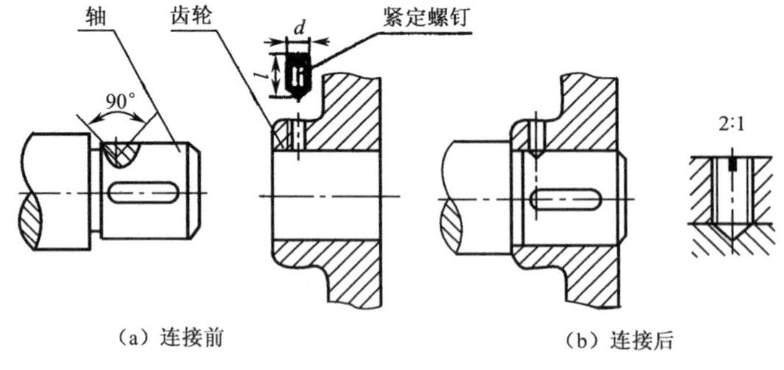

(a) 连接前　(b) 连接后

图 2-62　紧定螺钉画法

2.5.2 齿轮

在机械传动中，齿轮是应用最广泛的一种传动件，它不但可以用来传递动力，也可以用来改变轴的转速和旋转方向等，这种传动零件都是彼此啮合使用。如图 2-63 所示为三种常见的齿轮传动形式。

（1）圆柱齿轮：用于两平行轴之间的传动，如图 2-63（a）所示。

（2）圆锥齿轮：用于两相交轴之间的传动，如图 2-63（b）所示。

（3）蜗杆蜗轮：用于两交错轴之间的传动。如图 2-63（c）所示。

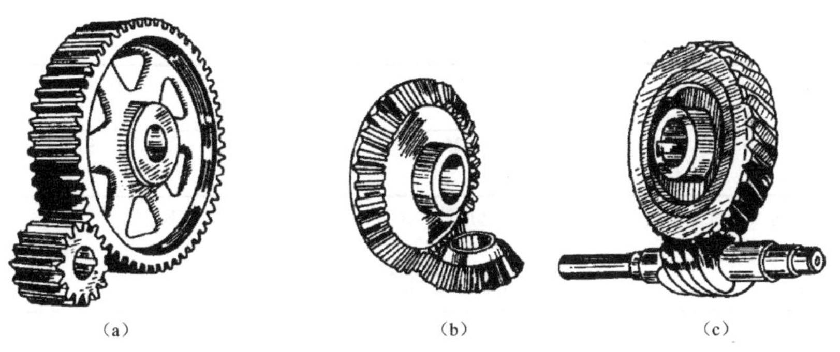

图 2-63　齿轮传动类型

1. 直齿圆柱齿轮的各几何要素的名称及代号

（1）直齿圆柱齿轮各部分的名称和代号，如图 2-64 所示。

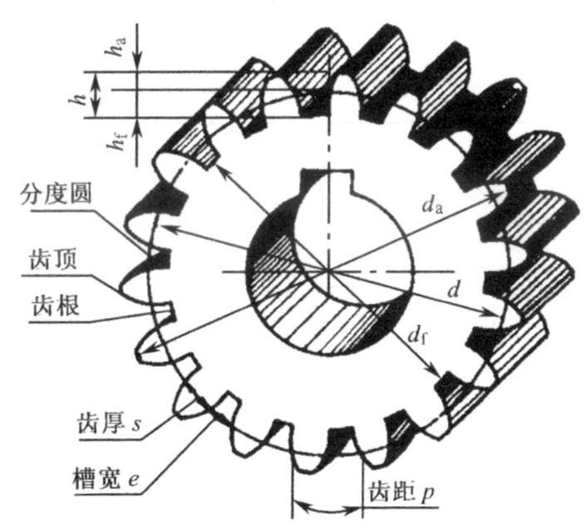

图 2-64　齿轮各部分名称

① 齿顶圆直径 d_a：通过轮齿顶部的圆的直径，用 d_a 表示。

② 齿根圆直径 d_f：通过轮齿根部的圆的直径，用 d_f 表示。

③ 分度圆直径 d：在齿顶圆和齿根圆之间。对于标准齿轮，在此圆上的齿厚 s 与槽宽 e 相等，用 d 表示。

④ 齿高 h、齿顶高 h_a、齿根高 h_f：齿顶圆与齿根圆之间的径向距离称为齿高，用 h 表示。分度圆把轮齿分成两部分，自齿顶圆到分度圆之间的径向距离称为齿顶高，用 h_a 表示。自齿根圆到分度圆之间的径向距离称为齿根高，用 h_f 表示。$h = h_a + h_f$。

⑤ 齿距 p、齿厚 s、齿槽宽 e：在分度圆上相邻两齿对应点之间的弧长称为齿距，用 p 表示。在分度圆上一个轮齿齿廓之间的弧长称为齿厚，用 s 表示，一个齿槽齿廓之间的弧长称为齿槽宽，用 e 表示。对于标准齿轮，$s=e$，$p=s+e$。

⑥ 齿宽 b：齿轮轮齿的轴向宽度。

⑦ 模数：当齿轮的齿数为 z，则分度圆的周长$=zp=\pi d$ 所以 $d=zp/\pi$，令 $m=p/\pi$则 $d=zm$。m 称为齿轮的模数。因为啮合两齿轮的齿距 p 必须相等，所以啮合两齿轮的模数也必须相等。为了便于齿轮的设计和制造，模数已经标准化。我国规定的标准模数值如表 2-4 所示。齿轮各部分尺寸如表 2-5 所示。

表 2-4　标准模数（GB/T 1357—1987）

第一系列	0.1，0.12，0.15，0.2，0.3，0.4，0.5，0.6，0.8，1，1.25，1.5，2，2.5，3，4，5，6，8，10，12，16，20，25，32，40，50
第二系列	0.35，0.7，0.9，1.75，2.25，2.75，（3.25），3.5，（3.75），4.5，5.5，（6.5），7，9，（11），14，18，22，28，36，45

注：在选用模数时，应优先选用第一系列，其次选用第二系列，括号内模数尽可能不选用。

表 2-5　直齿圆柱齿轮各部分尺寸关系

名　称	代　号	公　　式
模数	m	$m=p/\pi=d/z$
齿顶高	h_a	$h_a=m$
齿根高	h_f	$h_f=1.25m$
齿高	h	$h=h_a+h_f$
分度圆直径	d	$d=mz$
齿顶圆直径	d_a	$d_a=d+2h_a=m（z+2）$
齿根圆直径	d_f	$d_f=d-2h_f=m（z-2.25）$
齿距	p	$p=m\pi$
中心距	a	$a=（d_1+d_2）/2=m（z_1+z_2）/2$

2．圆柱齿轮的规定画法

（1）单个圆柱齿轮的识读。根据 GB/T 4459.2—1984 规定的齿轮画法，齿顶圆和齿顶线用粗实线绘制，分度圆和分度线用细点画线绘制，齿根圆和齿根线用细实线绘制，或省略不画，如图 2-65 所示，在剖视图中，当剖切平面通过齿轮的轴线时，齿根线用粗实线表示，齿顶线与齿根线之间的区域表示轮齿部分，按不剖处理。当需要表示斜齿或人字齿的齿线形状时，可用三条与齿线方向一致的细实线表示。

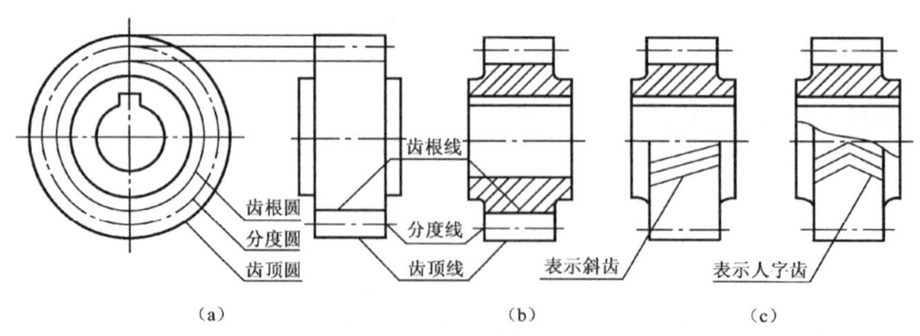

图 2-65　单个圆柱齿轮的画法

（2）圆柱齿轮的啮合画法的识读。一对啮合齿轮，应该模数相等，齿形相等，两分度圆相切。表达啮合齿轮一般采用两个视图。一个是垂直于齿轮轴线方向的视图。如图 2-66（a）所示的分度圆（啮合时称节圆）画成相切关系，两齿顶圆均用粗实线绘制，啮合区内可省略不画。如图 2-66（b）所示的两齿根圆可以省略不画，另一个常画成剖视图。在剖视图中，啮合区内一个齿轮的齿顶线画成粗实线，另一个齿轮的齿顶线画成虚线或不画。在平行于圆柱齿轮轴线的投影面的外形视图中，啮合区不画齿顶线，只用粗实线画出节线，如图 2-66（c）所示。

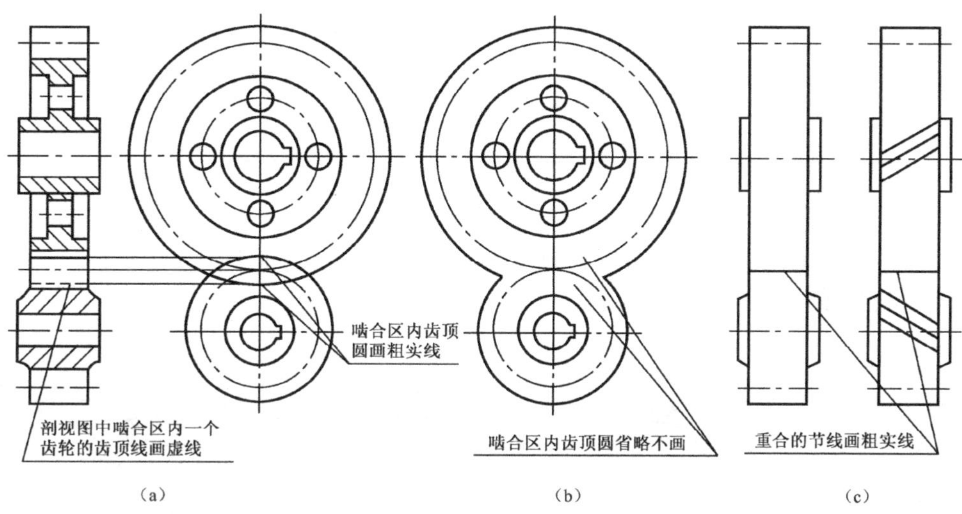

图 2-66　圆柱齿轮啮合的画法

2.5.3　键连接与销连接

1．键连接

键主要用于轴与轴上零件的连接，使之不产生相对运动，以传递扭矩。

键是标准件，键的种类很多，常用的有普通平键、半圆键、钩头楔键等如表 2-6 所示。键和键槽的尺寸是根据轴的直径和键的型式来确定的。

表 2-6　键的型式、标准、画法及标记

名　称	标　准　号	图　例	标记示例
普通平键	GB/T 1096—1979（1990 年确认有效）	C 或 R　R=0.5b　h　b　l	b=18mm，h=11mm，l=100mm 的圆头普通平键： 键 18×100 GB/T 1096—1979
		h　b　l	b=18mm，h=11mm，l=100mm 的方头普通平键（B 型）： 键 B18×100 GB/T 1096—1979

续表

名　称	标　准　号	图　　例	标记示例
半圆键	GB/T 1099—1979 （1990 年确认有效）		b=6mm，h=10mm，d_1=25mm，l=24.5mm 的半圆键： 键　6×25 GB/T 1099—1979
钩头楔键	GB/T 1565—1979 （1990 年确认有效）		b=18mm，h=11mm，l=100mm 的钩头楔键： 键　18×100 GB/T 1565—1979

普通平键和半圆键都是以两侧面为工作面，起传递转矩作用。在键连接画法中，键的两个侧面与轴和轮毂接触，键的底面与轴接触，均画一条线。键的顶面为非工作面，与轮毂有间隙，应画成两条线。如图 2-67 所示。

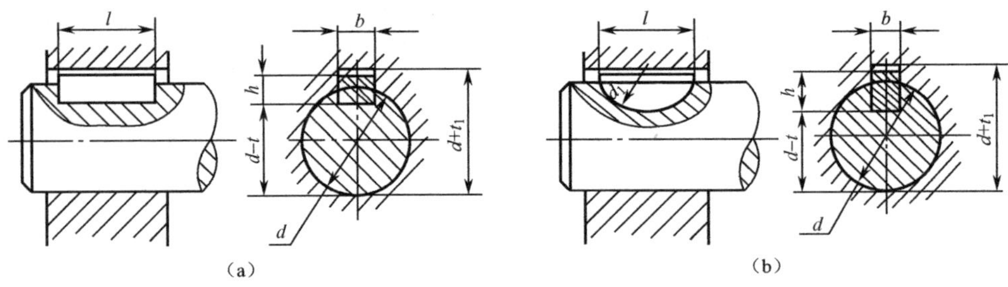

图 2-67　普通平键和半圆键连结画法

钩头楔键的顶面、底面为工作面，并带有 1:100 的斜度，装配时打入键槽，靠顶面和底面与轮、轴和键槽底面挤压产生的摩擦力来传递动力。因此画连接图时，两接触面之间只画一条线，两侧面与轴、轮的键槽两侧面之间有间隙，要画两条线。如图 2-68 所示。

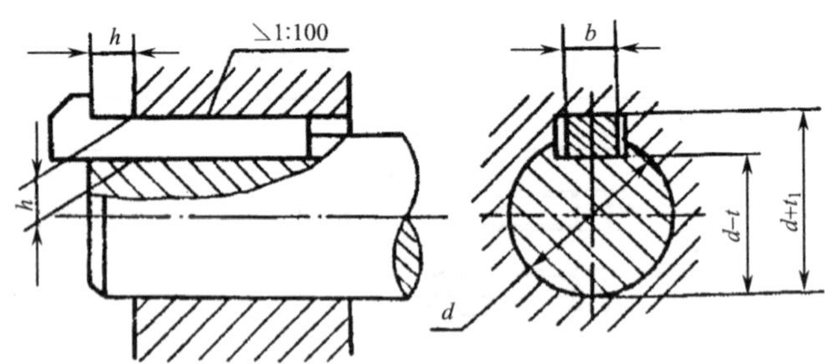

图 2-68　钩头楔键连结画法

2．销连接

销主要起定位作用，也可以用于连接和固定。销也是标准件，它的类型很多，常用的有圆柱销，圆锥销，开口销等。

销的型式、画法及标记示例如表 2-7 所示。

表 2-7　销的型式、标准、画法及标记

名称	标　准　号	图　　例	标 记 示 例
圆柱销	GB/T 119.1—2000		公称直径 d=5mm、公差为 m=6、公称长度 l=18mm、材料为钢、不经淬火、不经表面处理的圆柱销 销　GB/T 119.1　56×18
圆锥销	GB/T 117—2000		公称直径 d=10mm、公称长度 l=60mm、材料为 $35^{\#}$钢、热处理硬度为 28～38HRC、表面氧化处理的 A 型圆锥销 销　GB/T 117　10×60
开口销	GB/T 91—2000		公称规格为 5mm、公称长度 l=50mm、材料为 Q215 或 Q235、不经表面处理的开口销 销　GB/T 91　5×50

用销连接定位的零件，其销孔一定要在装配时一起加工，故在零件图上销孔尺寸后面，一定要加注“配作”字样。

销连接的连接画法如图 2-69 所示。

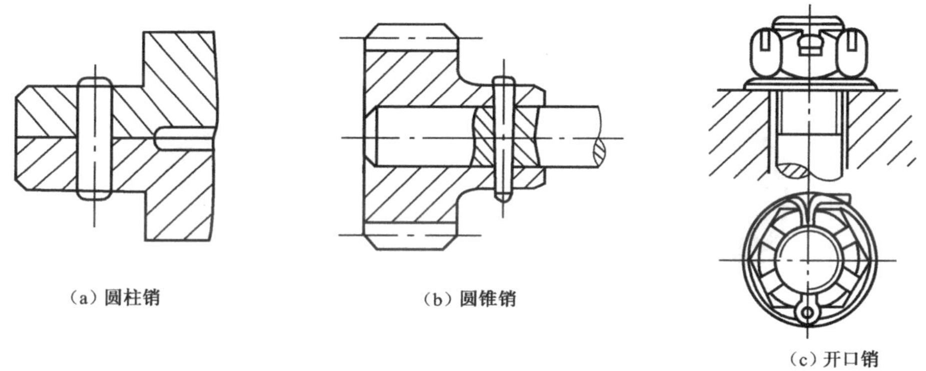

（a）圆柱销　（b）圆锥销　（c）开口销

图 2-69　销及其连接画法

2.5.4　滚动轴承

在机器中，滚动轴承是用来支承轴的标准部件，由于它可以大大减小轴与孔相对旋转时的摩擦力，并且具有机械效率高，结构紧凑等优点，因此得到了广泛的应用。滚动轴承的种类很多，并已标准化，选用时可查阅有关标准。

1. 滚动轴承的构造（GB/T 4459.7—1998）

滚动轴承的种类繁多，但其结构大体相同，一般由内圈、外圈、滚动体及保持架组成，如图 2-70 所示。

滚动轴承按受力情况不同可分为三大类：

（1）向心轴承：用于承受径向载荷。

（2）推力轴承：用于承受轴向载荷。

（3）向心推力轴承：既可承受径向载荷，又可承受轴向载荷。

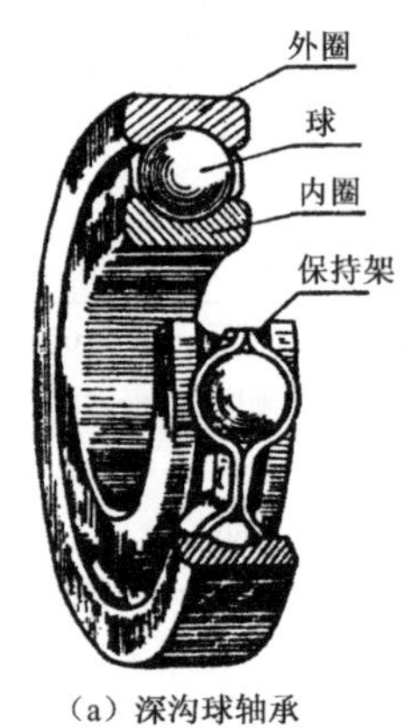

（a）深沟球轴承

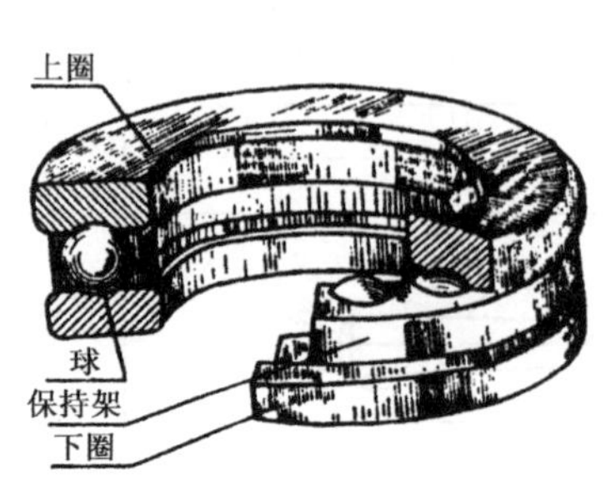

（b）推力球轴承

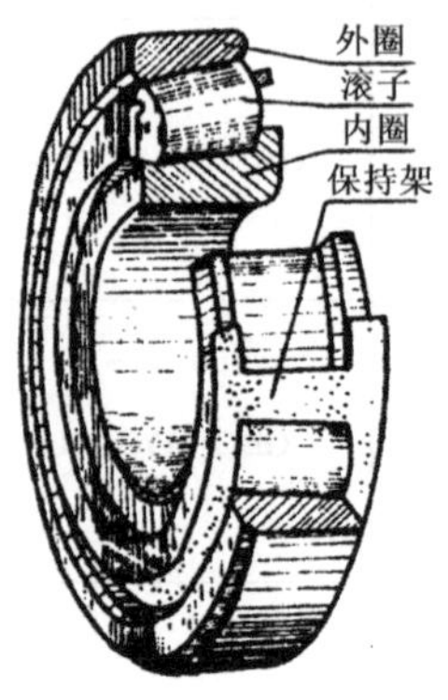

（c）圆锥滚子轴承

图 2-70　滚动轴承

滚动轴承表示法包括三种，即通用画法，特征画法和规定画法。前两种画法又称为简化画法。各种画法的示例如表 2-8 所示。

表 2-8　常用滚动轴承的表示法

轴承类型	结构形式	通用画法	特征画法	规定画法	承载特征
		（均指滚动轴承在所属装配图的剖视图中的画法）			
深沟球轴承 （GB/T 276—1994） 6000 型			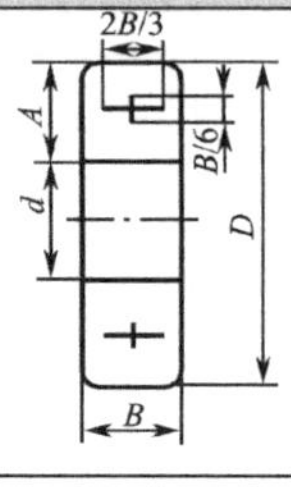	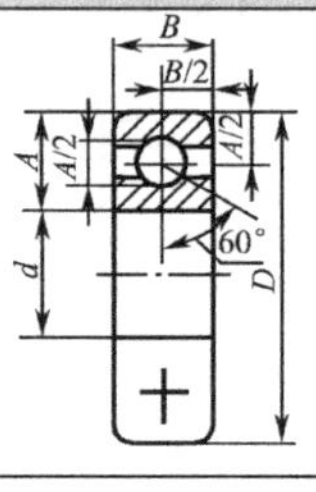	主要承受径向载荷
圆锥滚子轴承 （GB/T 297—1994） 30000 型		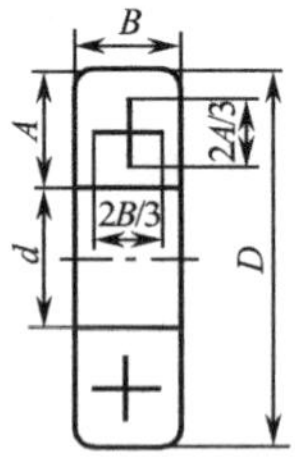	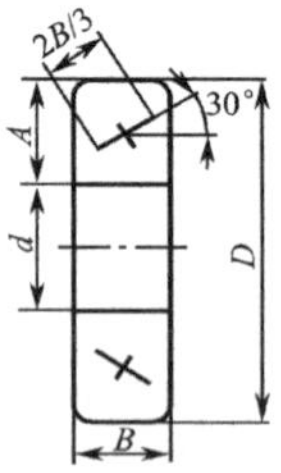	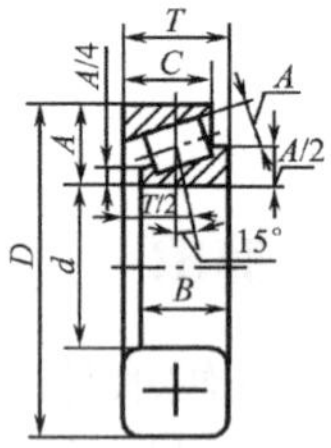	可同时承受径向和轴向载荷
推力球轴承 （GB/T30—1995） 51000 型			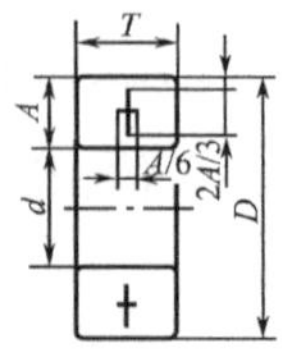	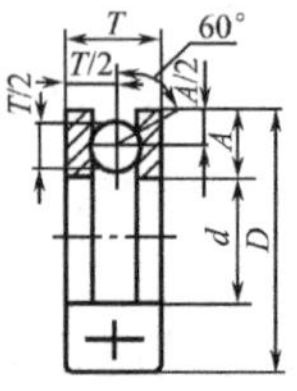	承受单方向的轴向载荷

续表

轴承类型	结构形式	通用画法	特征画法	规定画法	承载特征
		（均指滚动轴承在所属装配图的剖视图中的画法）			
三种画法的选用		当不需要确切地表示滚动轴承的外形轮廓、承载特性和结构特征时采用	当需要较形象地表示滚动轴承的结构特征时采用	滚动轴承的产品图样、产品样本、产品标准和产品使用说明书中采用	

按照 GB/T 272—1993 规定，滚动轴承的代号由前置代号、基本代号和后置代号构成。前置、后置代号是轴承在结构形状、尺寸公差、技术要求等有改变时，在其基本代号前后添加的补充代号，补充代号的规定可在国家标准中查到，在一般情况下，可不必标注。

轴承的基本代号表示轴承的基本类型，结构和尺寸是轴承代号的基础。基本代号由类型代号、尺寸系列代号和内径代号组成。

基本代号最左边的一位数字（或字母）为类型代号，如表 2-9 所示。

表 2-9　滚动轴承类型代号

代号	轴 承 类 型	代号	轴 承 类 型
0	双列	6	深沟球轴承
1	调心球轴承	7	角接触球轴承
2	调心滚子轴承和推力调心滚子轴承	8	推力圆柱滚子轴承
3	圆锥滚子轴承	N	圆柱滚子轴承（双列或多列用字母 NN 表示）
4	双列深沟球轴承	U	外球面球轴承
5	推力球轴承	QJ	四点接触球轴承

尺寸系列代号由宽度和直径系列组成，用两位阿拉伯数字表示，它的主要作用是区别内径相同而宽度和外径不同的轴承。内径代号表示轴承的公称直径代号，一般用阿拉伯数字表示，如表 2-10 所示。

例如标记：滚动轴承代号 30312 其含义为：

3：类型代号，圆锥滚子轴承；

0：宽度系列代号为 0；

3：直径系列代号为 3；

12：内径代号 d=12×5=60。

表 2-10　滚动轴承内径代号（GB/T 272—1993）

轴承公称内径（mm）	内 径 代 号	示　例
0.6～10（非整数）	用公称直径毫米数直接表示，在其与尺寸系列代号之间用“/”分开	深沟球轴承 618/2.5　d=2.5mm
1～9（整数）	用公称内径毫米数直接表示，对深沟及角接触球轴承 7、8、9 直径系列，内径与尺寸系列代号之间用“/”分开	深沟球轴承 625　d=5mm 深沟球轴承 618/5　d=5mm

续表

<table>
<tr><th colspan="2">轴承公称内径（mm）</th><th>内 径 代 号</th><th>示　　例</th></tr>
<tr><td rowspan="4">10～17</td><td>10</td><td>00</td><td>深沟球轴承 6200　d =10mm</td></tr>
<tr><td>12</td><td>01</td><td>深沟球轴承 6201　d =12mm</td></tr>
<tr><td>15</td><td>02</td><td>深沟球轴承 6202　d =15mm</td></tr>
<tr><td>17</td><td>03</td><td>深沟球轴承 6203　d =17mm</td></tr>
<tr><td>20～480
（22、28、32 除外）</td><td colspan="2">公称内径除以 5 的商数，商数为个位数，需在商数左边加“0”，如 08</td><td>圆锥滚子轴承 30308　d =40mm
深沟球轴承 6215　d =75mm</td></tr>
<tr><td>≥500 以及 22、28、32</td><td colspan="2">用公称内径毫米数直接表示，但在与尺寸系列之间用“/”分开</td><td>调心滚子轴承 203/500　d =500mm 深沟球轴承 62/22　d =22mm</td></tr>
</table>

2. 滚动轴承的标记

根据各类轴承的相应标记规定，轴承的标记由三部分组成，即轴承名称、轴承代号、标准编号。

例如标记：滚动轴承 6210 GB/T 276—1994。

第3章 零件图

零件图是表达单个零件结构形状，尺寸大小和技术要求的图样，又称零件工作图，是设计部门提交给生产部门的重要技术文件，是制造、加工和检验零件的依据。

3.1 零件图的内容

1. 零件图的内容

一张完整的零件图应包括四项内容，如图 3-1 所示。

（1）图形：用来表达零件的结构形状，可以采用视图、剖视图、断面图、局部放大图和简化画法等。

（2）尺寸：正确、完整、清晰、合理地标注出零件各形体大小及相对位置的全部尺寸。

（3）技术要求：用规定的符号、标记、代号和文字来说明零件在制造和检验时所应达到的各项技术指标，如表面粗糙度、尺寸公差、形状和位置公差、热处理等各项要求。

（4）标题栏：说明零件的名称、材料、质量、比例及设计者、审核者的责任签名等内容。零件图上的标题栏要严格按国家标准进行填写，教学过程中可采用简化的标题栏。

2. 零件图的基本要求

零件图的基本要求应遵循 GB/T 17451—1998 的规定。该标准明确指出：绘制技术图样时，应首先考虑看图方便，根据物体的结构形状特点，进行分析，并了解零件在机器或部件中的位置、作用及加工方法，然后灵活地选择基本视图、剖视图和其他各种表达方法，并在零件表达清楚的前提下尽量减少图形的数量，力求制图简便。

3.2 零件图的尺寸标注

零件图的尺寸标注，除了要满足前面讲述的正确、完整、清晰的要求外，还应使尺寸标注合理。尺寸标注合理是指如按所注尺寸加工零件，能保证达到设计要求，同时又便于加工和测量。

1. 尺寸基准的选择

尺寸基准一般选择零件上的一些面和线。面基准常选择零件上较大的加工面、两零件的结合面、零件的对称面、重要端面和轴肩等。线基准一般选择轴和孔的轴线、对称中心线等。

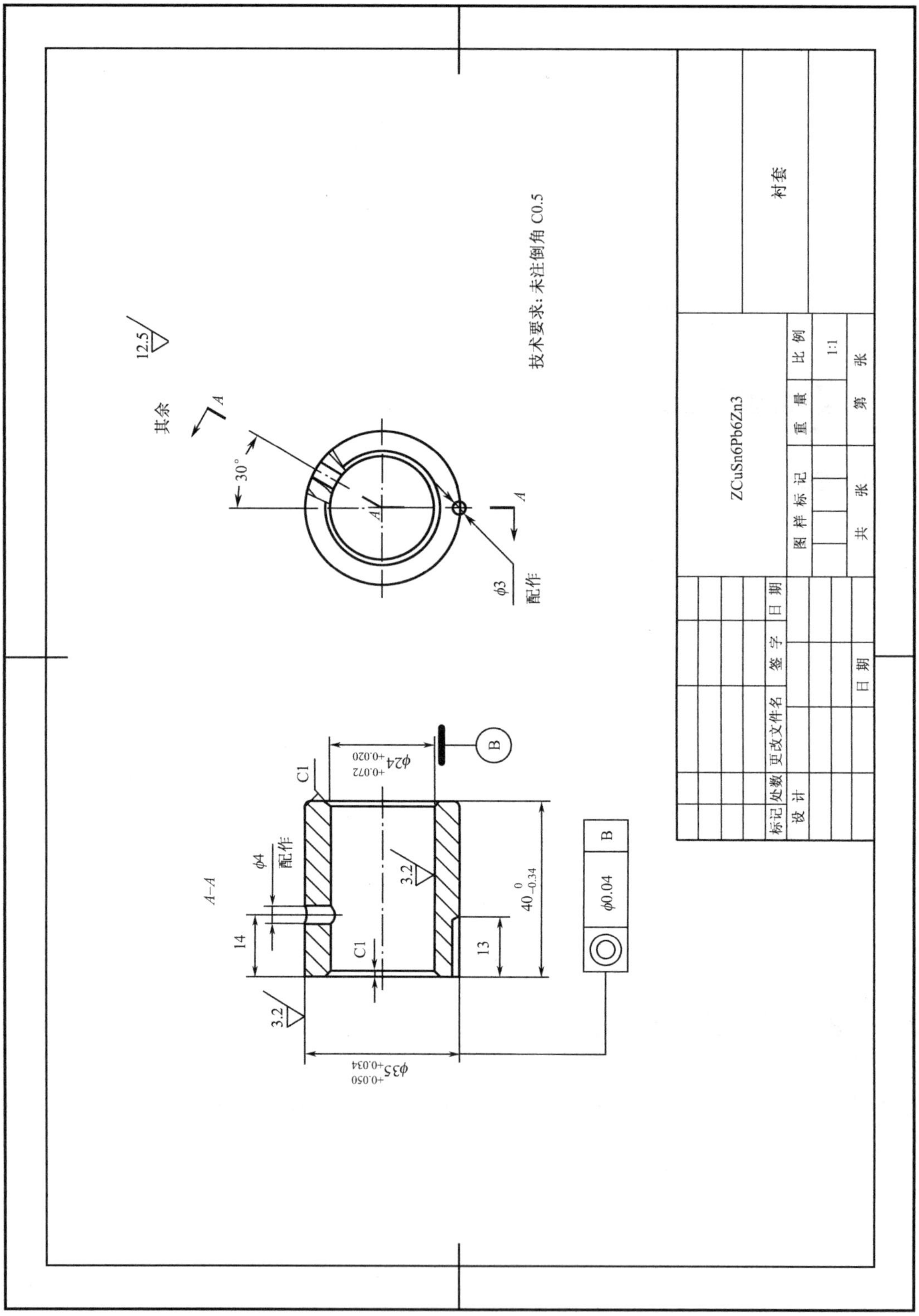

A–A

C1

$\phi24^{+0.072}_{+0.020}$

B

$\phi4$ 配作

3.2

14

C1

13

$40^{\ 0}_{-0.34}$

3.2

$\phi35^{+0.050}_{+0.034}$

◎	$\phi0.04$	B

其余 12.5

A

30°

A

A

$\phi3$ 配作

技术要求：未注倒角 C0.5

衬套

ZCuSn6Pb6Zn3

图样标记	重量	比例
		1:1
共 张	第 张	

标记	处数	更改文件名	签字	日期
设计				
			日期	

图 3-1 衬套零件图

在选择基准时，既要考虑结构设计要求，又要考虑便于加工、测量的实际需要。根据基准作用的不同，可将基准分为两类。

（1）设计基准。设计基准是根据零件的结构和设计要求而选定的尺寸起始点，如图 3-2 所示。

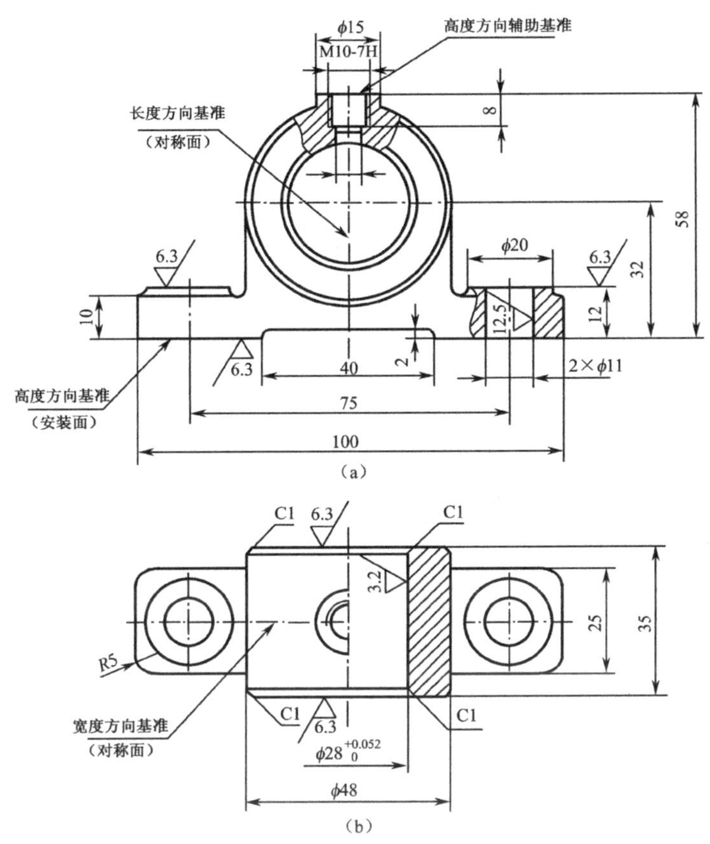

图 3-2 基准的选择

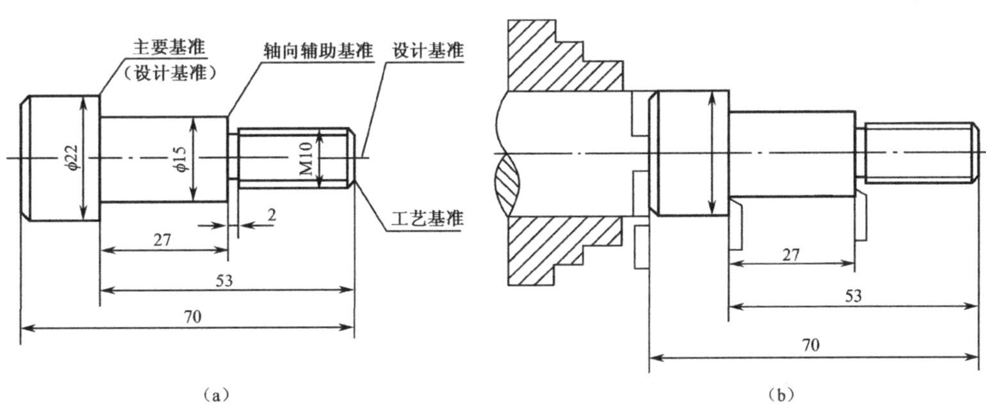

图 3-3 阶梯轴的设计基准和工艺基准

（2）工艺基准。工艺基准是根据零件在加工、测量、安装时的要求而选定的尺寸起始点，如图 3-3 所示。

标注尺寸时应尽可能使设计基准与工艺基准一致，这样既可以满足设计要求，又便于加工和测量。

任何一个零件总有长、宽、高三个方向的尺寸。因此，至少有三个基准，当零件结构复杂时，同一方向上尺寸基准可能有几个，其中决定零件主要尺寸的基准称为主要基准，为加工和测量方便而附加的基准称为辅助基准。图 3-2 中轴承座底面为高度方向的主要基准，也是设计基准，顶面为高度方向的辅助基准，是工艺基准。在辅助基准和主要基准之间要有直接标注的联系尺寸，如图中的尺寸 58。

2．标注尺寸的形式

根据图样上尺寸布置的情况，尺寸标注的形式有三种。

（1）链式。尺寸依次分段注写，无统一基准，如图 3-4（a）所示。每段尺寸的精度只由本段加工误差决定，不受相邻段加工误差的影响。首末端面之间的尺寸误差，为中间各段误差之和。各段轴的端面均为该段轴长度方向尺寸标注的基准。

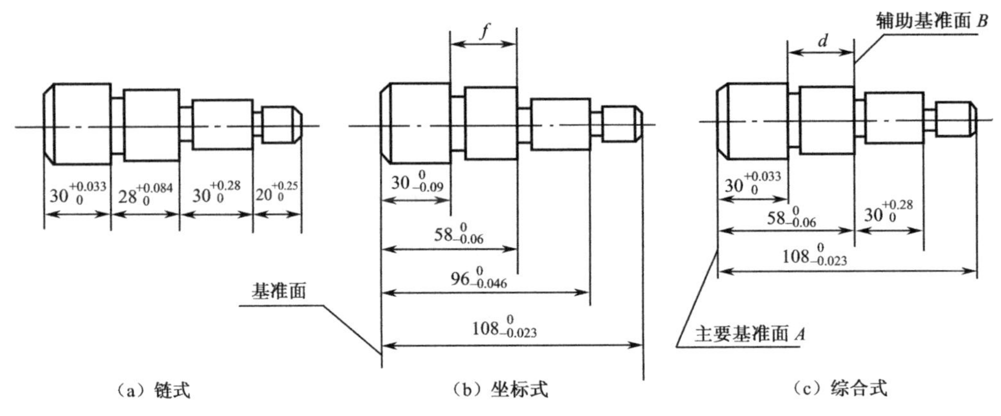

图 3-4　尺寸标注形式

（2）坐标式。尺寸以一边端面为基准，分层注写，如图 3-4（b）所示。每段尺寸的精度只由本段实际尺寸决定。相邻端面之间的尺寸误差取决于与此两端面有关的两个尺寸的误差。

（3）综合式。尺寸采用链式和坐标式两种方法标注，如图 3-4（c）所示。综合式标注尺寸是最常见的一种标注方法，能灵活地适用零件各部分结构对尺寸精度的不同要求。

3．合理标注尺寸的原则

（1）零件上的重要尺寸必须直接注出。重要尺寸主要是指直接影响零件在机器中的工作性质和相对位置的尺寸。常见的如零件间的配合尺寸、重要的安装定位尺寸等。如图 3-5 所示。轴承座底面与轴承孔的高度及安装孔的中心距为重要的定位尺寸，必须直接注出 h_1、l_1，不能分写成 h_2、h_3 或 l_2、l_3 的形式，造成误差的积累。

（2）避免出现封闭尺寸链。封闭尺寸链是指首尾相接并封闭的一组尺寸，如图 3-6（a）所示。长度方向尺寸 l_1、l_2、l_3、l_4 首尾相接，形成尺寸链式的封闭图形。这种标注当轴上各段尺寸 l_1、l_2、l_3 的尺寸精度得到保证时，而总长 l_4 的尺寸精度则很难保证。各段尺寸的误差积累起来，都集中反映在总长尺寸上，所以这种情况应该避免。在标注尺寸时，应将次要的尺寸空出不注，如图 3-6（b）所示，使所有尺寸误差都积累到这一段，以保证重要尺寸的精度。

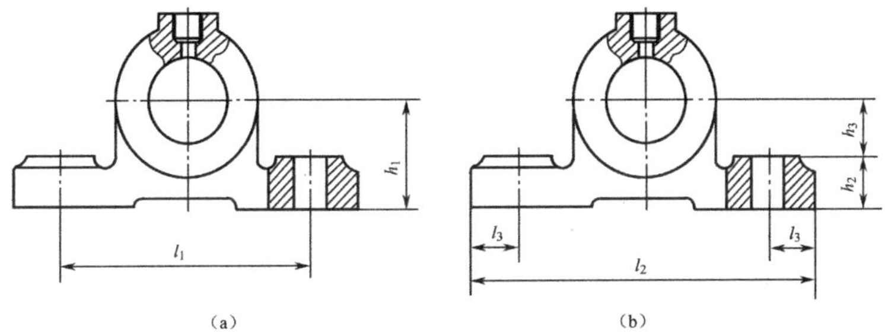

图 3-5　主要尺寸直接标注

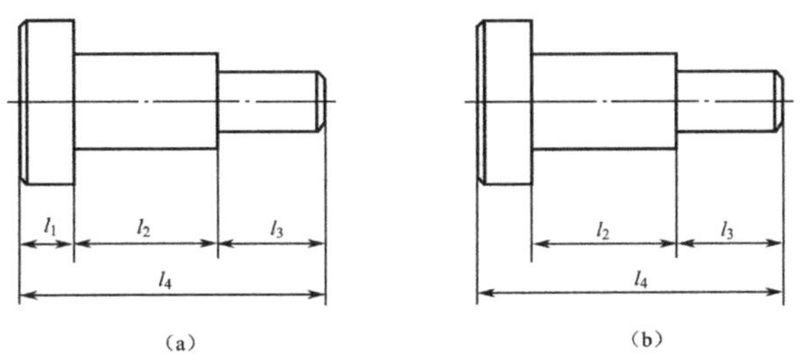

图 3-6　避免出现封闭尺寸链

（3）标注尺寸要便于加工与测量。

① 符合加工顺序的要求。如图 3-7（a）所示的小轴。轴向尺寸的标注符合加工顺序，从下料到每一道加工工序，均可由图中看出所需尺寸，如图 3-7（b）所示。

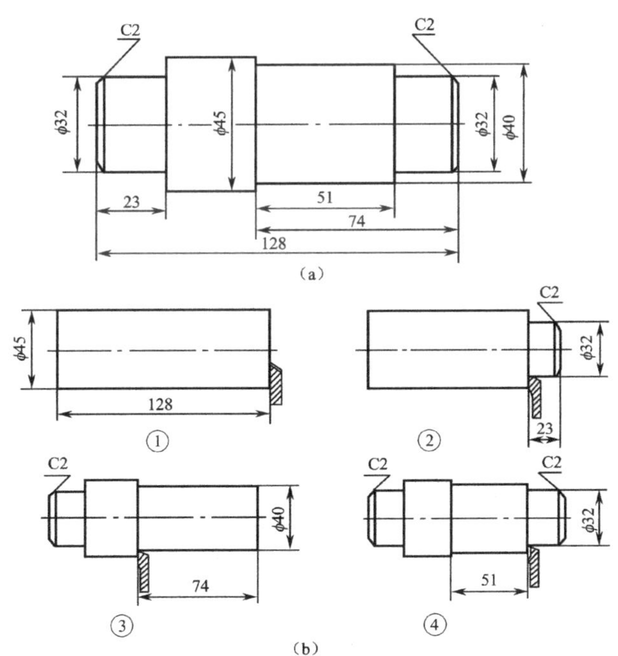

图（b）中：① 下料、车端面、打中心孔；
② 中心孔定位，车外圆 φ32 长 23，倒角 C2；
③ 调头车 φ40 长 74；
④ 车 φ32 保证长 51，倒角 C2。

图 3-7　尺寸标注符合加工顺序的要求

② 符合加工方法的要求，如图 3-8 所示。图中下轴衬是与上轴衬对合起来加工的。因此，孔、轴不应标注半径尺寸，而要标注直径尺寸。

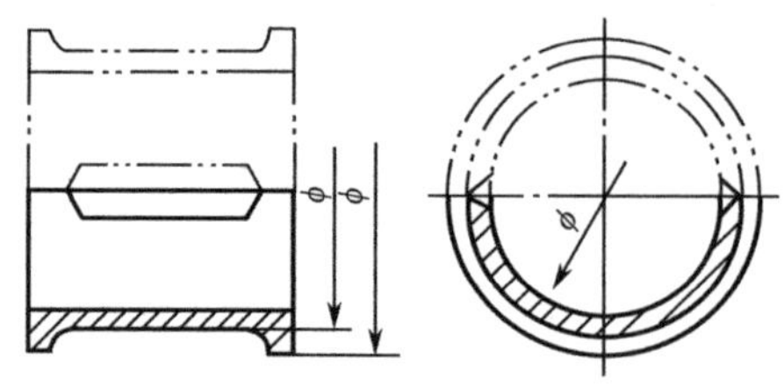

图 3-8 尺寸标注符合加工方法的要求

③ 考虑测量方便的要求，如图 3-9 所示。图中（a）与（b）比较，图（b）中的尺寸标注更便于测量。在图（c）中，l_1 为非重要尺寸，可以改为图（d）中的 l_3 形式标注，测量就方便了。

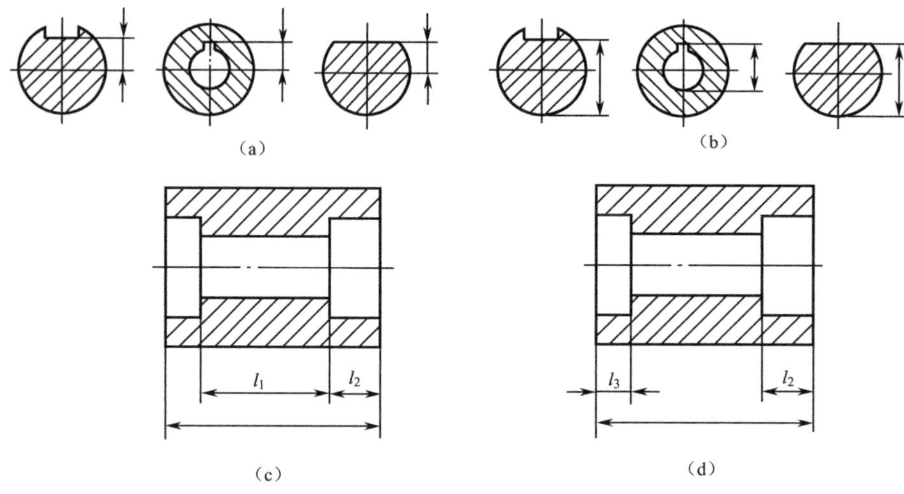

图 3-9 尺寸标注符合测量方便的要求

4．零件上常见结构的尺寸标注

国家标准技术制图《简化表示法》要求标注尺寸时，应尽可能使用符号和缩写词，常用的符号和缩写词如表 3-1 所示。

表 3-1 尺寸标注常用的符号和缩写词

名　称	符号或缩写词	名　称	符号或缩写词
直径	ϕ	45° 倒角	C
半径	R	深度	↧
球直径	$S\phi$	沉孔或锪平	⌴
球半径	SR	埋头孔	⌵
厚度	t	均布	EQS
正方形	□		

各种孔（光孔、螺纹孔、沉孔）的简化注法参见附表A-3。

3.3 机械图样中的技术要求

零件图上的图形和尺寸不能完全反映对零件的全面要求，因此，还必须给出必要的技术要求，以便控制零件质量。机械图样中的技术要求主要指零件几何精度方面的要求，如表面粗糙度、极限与配合、形状和位置公差等。

零件图上的各项技术要求，应按国家标准规定的各种符号、代号或标记标注在图形上，或者用简练的文字注写在标题栏附近。

1. 表面粗糙度（GB/T 131—1993）

（1）表面粗糙度的概念及参数。零件加工表面具有这种较小间距的峰和谷的微观几何形状特征，称为表面粗糙度。

国家标准中规定了三个评定表面粗糙度的高度参数：轮廓算术平均偏差 *Ra*，微观不平十点高度 *Rz*，轮廓最大高度 *Ry*。由于 *Ra* 使用最为广泛，在表面粗糙度代号标注时，可以省略 *Ra*。如采用其余两项评定参数时，必须注明“*Rz*”或“*Ry*”。参数的单位为μm。

（2）表面粗糙度符号，如表3-2所示。

表3-2 表面粗糙度符号

符 号	意义及说明
√	基本符号，表示表面可用任何方法获得。当不加注粗糙度参数值或说明时，仅适用简化代号标注
（基本符号加一短划）	基本符号加一短划，表示表面是用去除材料方法获得，例如，车、钻、磨、剪切、抛光、腐蚀、电火花加工、气割等
（基本符号加一小圆圈）	基本符号加一小圆圈，表示表面不用去除材料的方法获得，例如，铸、锻、冲压变形、热轧、冷轧、粉末冶金等。或者说是用于保持原供应状况的表面
（三个符号长边加横线）	在上述三个符号的长边上均可加一横线，用于标注有关参数和说明
（三个符号加小圆）	在上述三个符号上均可加一小圆，表示所有表面具有相同的表面粗糙度要求

（3）表面粗糙度的代号。表面粗糙度符号上注写所要求的表面特征参数，即构成表面粗糙度代号。

GB/T 131—1993规定：当允许表面粗糙度参数的所有实例值中超过规定值的个数少于总数的16%，该表面仍是合格时，应在图样上标注表面粗糙度参数的上限值或下限值，当要求实测值不得超过规定值时，则应标注最大值或最小值，如表3-3所示。

表3-3 表面粗糙度代号

代 号	意 义	代 号	意 义
3.2√	用任何方法获得的表面粗糙度，*Ra* 的上限值为3.2μm	3.2max√	用任何方法获得的表面粗糙度，*Ra* 的最大值为3.2μm

续表

代　号	意　义	代　号	意　义
3.2	用去除材料方法获得的表面粗糙度，*Ra* 的上限值为 3.2μm	3.2max	用去除材料方法获得的表面粗糙度，*Ra* 的最大值为 3.2μm
3.2	用不去除材料方法获得的表面粗糙度，*Ra* 的上限值为 3.2μm	3.2max	用不去除材料方法获得的表面粗糙度，*Ra* 的最大值为 3.2μm
3.2 1.6	用去除材料方法获得的表面粗糙度，*Ra* 的上限值为 3.2μm，*Ra* 的下限值为 1.6μm	3.2max 1.6min	用不去除材料方法获得的表面粗糙度，*Ra* 的最大值为 3.2μm，*Ra* 的最小值为 1.6μm

2．极限与配合

（1）尺寸公差。

① 尺寸：以特定单位表示线性尺寸值的数值，如图 3-10 所示。

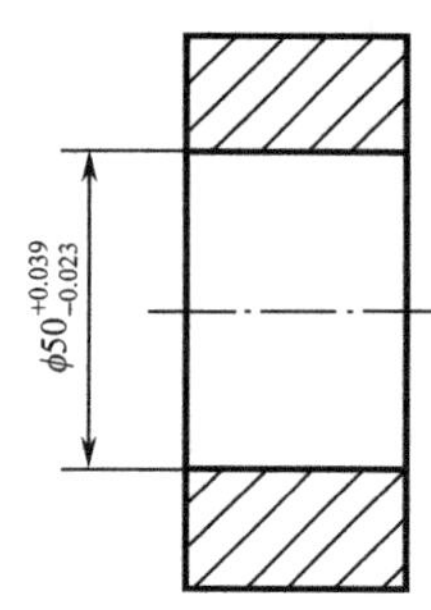

图 3-10　尺寸公差概念

图 3-11　零线、公差带和公差带图

② 基本尺寸：设计时给定的尺寸ϕ50。

③ 实际尺寸：通过测量获得的某一孔、轴的尺寸。

④ 极限尺寸：允许尺寸变化的两个界限值。孔或轴允许的最大尺寸称为最大极限尺寸（ϕ50.039）；孔或轴允许的最小尺寸称为最小极限尺寸（ϕ49.977）。

⑤ 偏差：某一尺寸（实际尺寸、极限尺寸等）减去其基本尺寸所得的代数差称为偏差。最大极限尺寸减去其基本尺寸所得的代数差，称为上偏差，孔、轴的上偏差分别用 ES 和 es 表示（+0.039）；最小极限尺寸减去其基本尺寸所得的代数差，称为下偏差，孔、轴的下偏差分别用 EI 和 ei 表示（−0.023）。上偏差和下偏差统称极限偏差，上偏差和下偏差可以是正值，负值或零。

⑥ 尺寸公差：它是允许尺寸的变动量，简称公差，是一个没有符号的绝对值。

公差=最大极限尺寸−最小极限尺寸=上偏差−下偏差。

⑦ 零线、公差带和公差带图：如图 3-11 所示，零线是在极限与配合图解中，表示基本尺寸的一条直线，以其为基准确定各偏差和公差。通常，零线沿水平方向绘制，正偏差位于其上，负偏差位于其下。

公差带是在公差带图解中，由代表上偏差和下偏差或最大极限尺寸和最小极限尺寸的两条直线所限定的一个区域。它是由公差大小和其相对于零线的位置如基本偏差来确定。

公差带图用来说明上述术语及其相互关系。公差带图左右长度可根据需要任意确定，为了区别轴与孔的公差带，一般用斜线表示孔的公差带，用点表示轴的公差带。

⑧ 标准公差与标准公差等级：标准公差是在标准极限与配合制中所规定的任一公差。标准公差等级是在标准极限与配合制中，同一公差等级对所有基本尺寸的一组公差被认为具有同等精确程度。标准公差共分 20 个等级，即 IT01，IT0，IT1～IT18。“IT”表示公差，数字表示公差等级。IT01 公差值最小，精度最高。IT18 公差值最大，精度最低。

⑨ 基本偏差：基本偏差是在标准极限与配合制中，用以确定公差带相对于零线位置的那个极限偏差。它可以是上偏差或下偏差，一般是指靠近零线的那个偏差。国家标准中，规定基本偏差代号用拉丁字母表示，大写的为孔，小写的为轴，并对每一基本尺寸段分别规定了 28 个基本偏差。

⑩ 孔、轴的公差带代号：孔和轴的公差带代号由基本偏差代号和公差等级代号组成。并且要用同一号字书写。

例如：ϕ100H8 表示基本尺寸为ϕ100，基本偏差为 H，公差等级为 8 级的孔的公差带代号。

又如：ϕ100f7 表示基本尺寸为ϕ100，基本偏差为 f，公差等级为 7 级的轴的公差带代号。

（2）配合。基本尺寸相同的、相互结合的孔和轴公差带之间的关系称为配合。根据使用要求的不同，孔与轴之间的配合有松有紧，配合有三类：间隙配合、过盈配合和过渡配合。

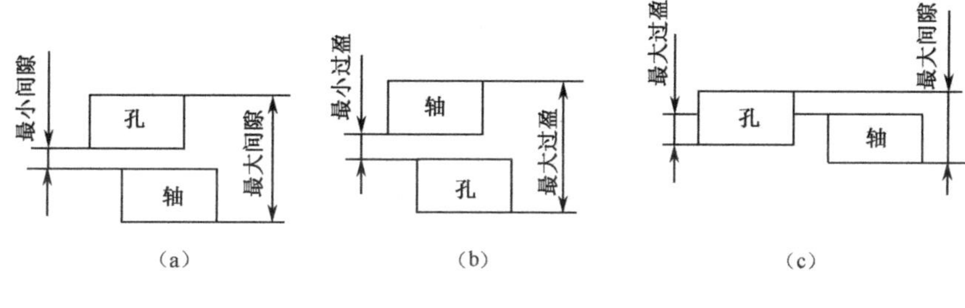

图 3-12　配合关系

① 间隙配合：具有间隙（包括最小间隙等于零）的配合。此时孔的公差带在轴的公差带之上。

② 过盈配合：具有过盈（包括最小过盈等于零）的配合。此时孔的公差带在轴的公差带之下。

③ 过渡配合：可能具有间隙或过盈的配合。此时孔的公差带与轴的公差带相互交叠。

（3）基准制。国家标准对孔和轴公差带之间的相互关系，规定了两种制度，基孔制和基轴制。

① 基孔制：基本偏差为一定的孔的公差带与不同基本偏差的轴的公差形成各种配合的一种制度。在基孔制配合中选作基准的孔称为基准孔，其基本偏差代号为 H，下偏差 EI=0。

② 基轴制：基本偏差为一定的轴的公差带与不同基本偏差的孔的公差形成各种配合的一种制度。在基轴制配合中选作基准的轴称为基准轴，其基本偏差代号为 h，上偏差 es=0。

由于孔难加工，一般应优先采用基孔制配合。在基孔制中，基准孔 H 与轴配合，a～h 用于间隙配合，j～n 主要用于过渡配合，p～zc 主要用于过盈配合。在基轴制中，基准轴 h 与孔配合，A～H 用于间隙配合，J～N 主要用于过渡配合，P～ZC 主要用于过盈配合。

（4）公差与配合在图样中的注法。

① 尺寸公差在零件图上的注法。在零件图标注尺寸公差有三种形式：

- 在基本尺寸后标注公差代号，常用于大批量生产中，如ϕ12F8。
- 在基本尺寸后标注极限偏差值，常用于小批量生产中，如$\phi 12^{+0.043}_{+0.016}$。
- 在基本尺寸后标注公差代号和极限偏差值，常用于生产批量不定时，如ϕ12F8（$^{+0.043}_{+0.016}$）。

② 配合在装配图中的注法。在装配图中标注线性尺寸的配合代号时，可在尺寸线的上方用分数和斜线的形式标出，分子为孔的公差带代号，分母为轴的公差带代号，也可将配合代号写成分子与分母用斜线隔开的形式注在尺寸线的上方。

例如：ϕ100H8/f7 表示ϕ100H8 的孔与ϕ100f7 的轴配合，是基孔制的间隙配合。ϕ50K7/h6 表示ϕ50K7 的孔与ϕ50h6 的轴配合，是基轴制的过渡配合。

3. 形状和位置公差

经过加工的零件表面，不仅会产生尺寸误差，也会产生形状和位置误差，误差过大，同样会影响零件的工作性能。因此，对精度要求高的零件，除应保证尺寸精度外，还应控制其形状和位置的误差。对形状和位置的误差的控制是通过形状和位置公差来实现的。形状和位置公差简称形位公差，是零件要素（点、线、面）的实际形状和实际位置相对于理想形状和理想位置的允许变动量。

（1）形位公差的代号。GB/T 1182—1996 对形位公差特征项目、术语代号、数值标注方法等都作了规定。

① 形位公差特征项目的符号如表 3-4 所示。

表 3-4 形位公差特征项目的符号

公差		特征项目	符号	基准要求
形状	形状	直线度	—	无
		平面度	▱	无
		圆 度	○	无
		圆柱度	⌭	无
形状或位置	轮廓	线轮廓度	⌒	有或无
		面轮廓度	⌓	有或无
位置	定向	平行度	//	有
		垂直度	⊥	有
		倾斜度	∠	有
	定位	位置度	⌖	有或无
		同轴（同心）度	◎	有
		对称度	⌯	有
	跳动	圆跳动	↗	有
		全跳动	⌰	有

② 形位公差的代号：形位公差在零件图上用代号形式标注，形位公差代号的标注采用带箭头的指引线和框格表示。框格用细实线画出，并分成两格或多格，从左至右分别填写形位公差特征项目的符号，形位公差数值和有关符号，基准代号和有关符号，如图3-13所示。

形位公差特征项目的线宽按 $h/10$（h 为标注尺寸的数字高度），大小与框格中的字体同高，形位公差的框图格用细实线绘制，框图格高度为字高的2倍，长度可根据需要画出。框格应水平或竖直放置。各框格内容如图 3-13（a）所示。基准符号由基准字母、圆圈、粗的短横线和连线组成，画法如图3-13（b）所示。

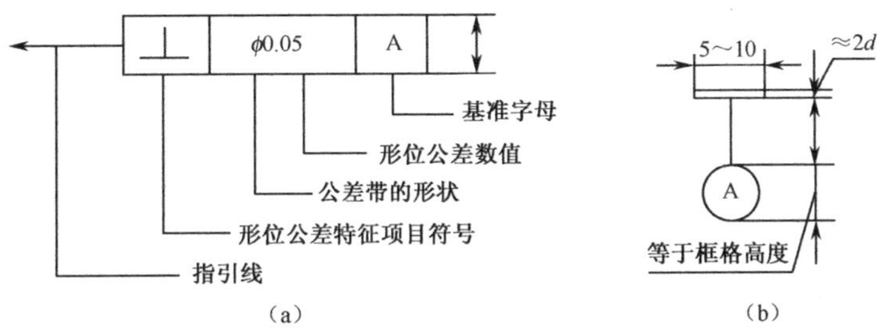

图 3-13 形位公差代号

（2）形位公差在图样上的标注。

① 用带箭头的指引线将框格与被测要素相连，按以下方式标注。

- 当公差涉及轮廓或表面时，如图3-14所示，将箭头置于要素的轮廓线或轮廓线的延长线上（必须与尺寸线明显地错开）。
- 当指向实际表面时，如图3-15所示，箭头可置于带点的参考线上。该点指在实际表面上。

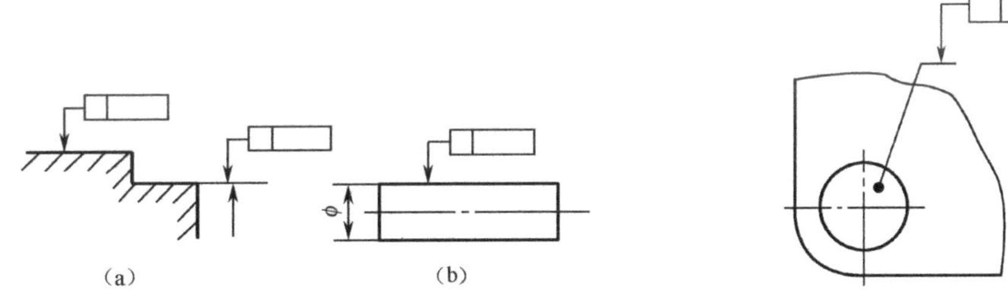

图3-14 被测要素在图样上的标注（一）　　图3-15 被测要素在图样上的标注（二）

- 当公差涉及轴线、中心平面或由带尺寸要素确定的点时，则带箭头的指引线应与尺寸线的延长线重合，如图3-16所示。

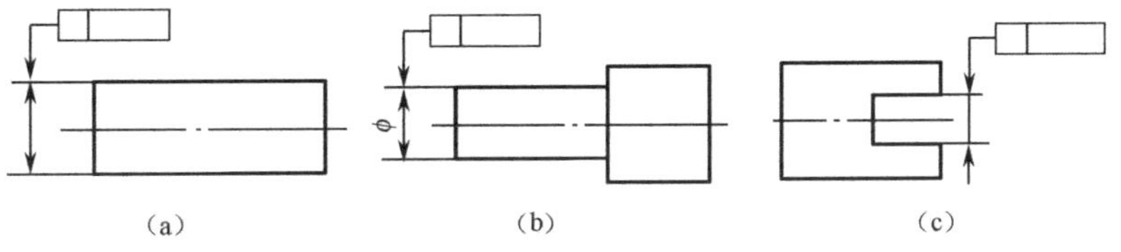

图3-16 被测要素在图样上的标注（三）

② 带有基准字母的短横线的放置。

➢ 当基准要素是轮廓线或表面时，如图 3-17（a）所示，放在要素的外轮廓上或它的延长线上（应与尺寸线明显错开），基准符号还可置于用圆点指向实际表面的参考线上，如图 3-17（b）所示。

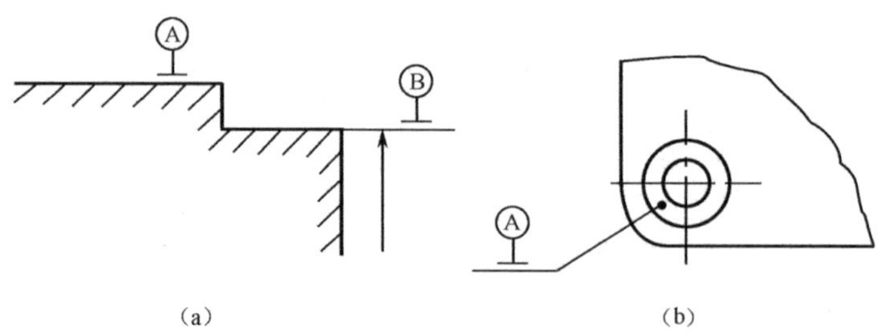

图 3-17　基准要素在图样上的标注（一）

➢ 当基准要素是轴线或中心平面或由带尺寸的要素确定的点时，则基准符号中的线与尺寸线一致，如图 3-18（a）所示。如尺寸线处安排不下 2 个箭头，则另一个箭头可用短横线代替，如图 3-18（b）所示。

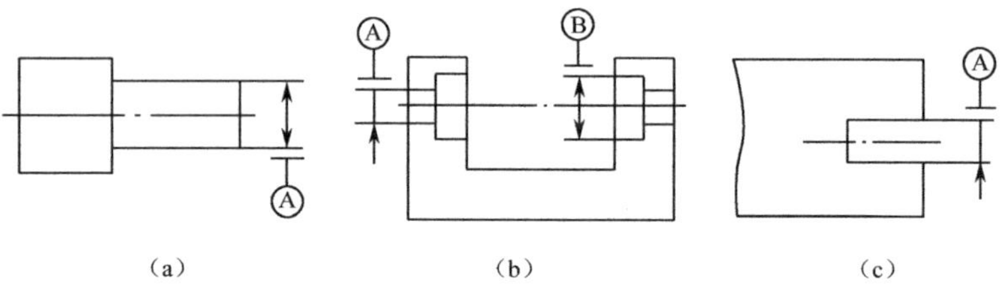

图 3-18　基准要素在图样上的标注（二）

➢ 当多个被测要素有相同的形位公差要求时，可以从一个框格内的统一端引出多个指示箭头与各被测要素相连，如图 3-19（a）所示。当同一个被测要素有多项形位公差要求而标注形式又一致时，可以在一条指引线上画出多个公差框格。如图 3-19（b）所示。

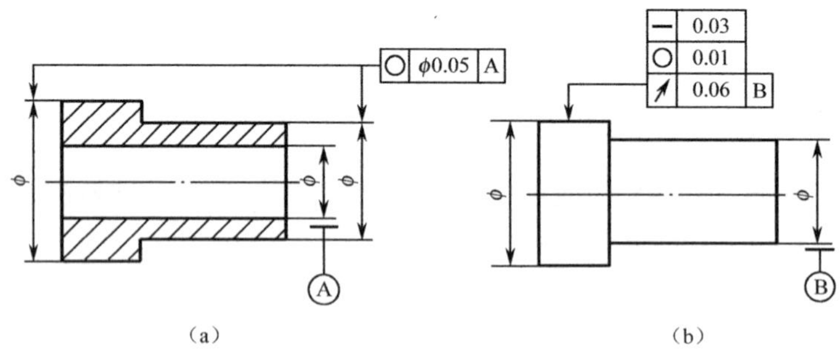

图 3-19　形位公差的简化标注

➢ 对于由 2 个或 2 个以上要素组成的公共基准，例如，公共轴线如图 3-20（a）所示；公共中心平面如图 3-20（b）所示，其基准字母应用横线连起来，并写在公差框格的同一格内。

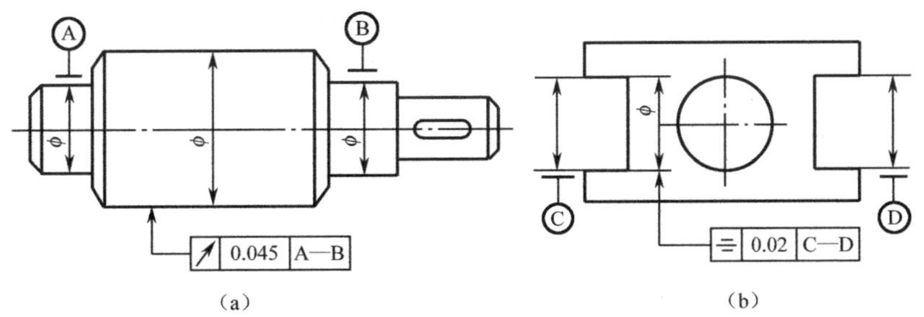

图 3-20　公共基准的简化标注

- 任选基准的标注方法如图 3-21 所示。
- 形位公差特征项目，如轮廓度公差适用于横截面内的整个外轮廓面时，应采用全角符号，如图 3-22 所示。

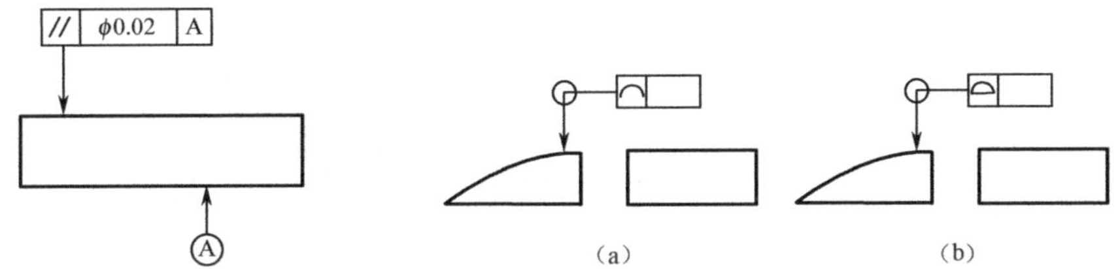

图 3-21　任选基准的标注　　　　图 3-22　形位公差的特殊标注

形位公差的标注综合举例如图 3-23 所示。

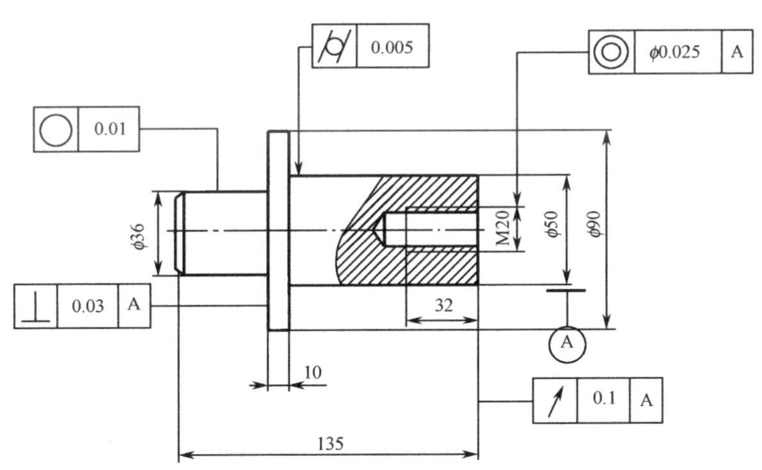

图 3-23　形位公差的标注综合举例

图中：○ 0.01 表示φ36 圆柱表面的圆度公差为 0.01；

⌭ 0.005 表示φ50 圆柱表面的圆度公差为 0.005；

⊥ 0.03 A 表示φ90 圆柱左端面对φ50 圆柱轴线的垂直度公差为 0.03；

| ◎ | ϕ0.025 | A | 表示 M20 螺纹孔轴线对 ϕ50 圆柱轴线的同轴度公差为 ϕ0.025；

| ↗ | 0.1 | A | 表示右端面对 ϕ50 圆柱轴线的圆跳动公差为 0.1。

3.4 常见零件工艺结构

零件的结构形状除满足工作要求、设计要求外，还必须考虑制造过程中提出的一系列工艺结构要求，否则将使制造工艺复杂化甚至无法制造或造成废品。在机械加工中常见的工艺结构有以下几种形式。

1．倒角和倒圆

为了去除零件的毛刺、锐边和便于装配，常在轴的端部加工成圆台状的倒角，为了避免应力集中而产生裂纹，轴肩根部一般加工成圆角过渡，称为倒圆。

当倒角和倒圆的尺寸很小时，在图样上可以不画出，但必须注写尺寸或在技术要求中加以说明，如图 3-24 所示。

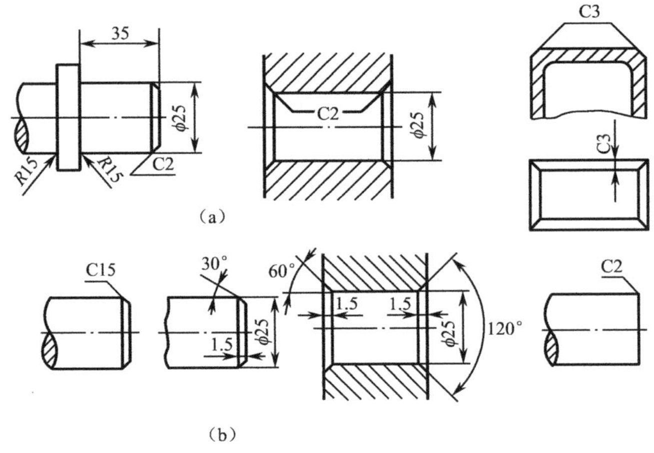

图 3-24 倒角和倒圆

2．退刀槽和砂轮越程槽

在切削螺纹或磨削圆柱面时，为了保证设计要求，又便于退刀，常在轴肩处、孔的台阶处先加工出退刀槽或砂轮越程槽。一般退刀槽可按“槽宽×直径”和“槽宽×槽深”的形式标注，如图 3-25 所示。

3．钻孔

用钻头钻出的不通孔或阶梯孔，由于钻头顶角的作用，在底部或阶梯孔过渡处产生一个圆锥面。画图时锥角一律画成 120°，不必标注。钻孔深度是指圆柱部分的深度，不包括锥坑，如图 3-26 所示。

4．中心孔(GB/T 4459.5—1999)

加工较长轴类零件时，为了便于定位和装夹，常在轴的一端或两端加工出中心孔。它是轴类零件常用的结构要素，在大多数情况下，中心孔只作为工艺结构要素。

（1）中心孔的要求与符号，如表 3-5 所示。

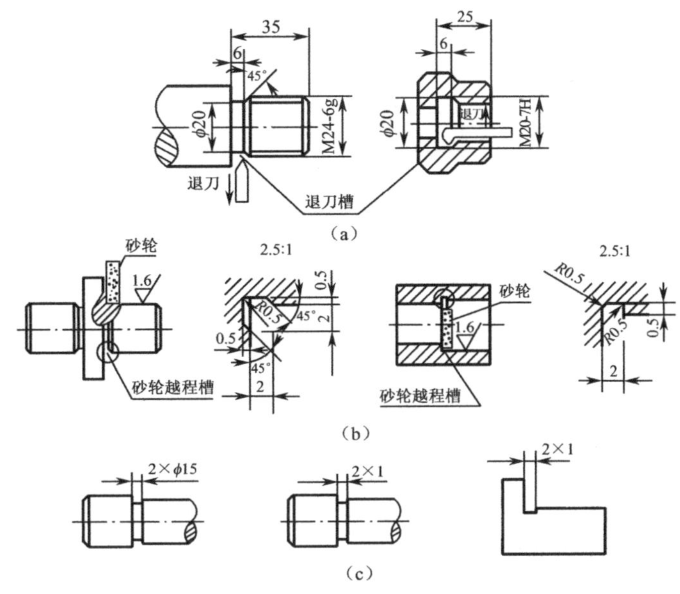

图 3-25　退刀槽和砂轮越程槽的尺寸标注

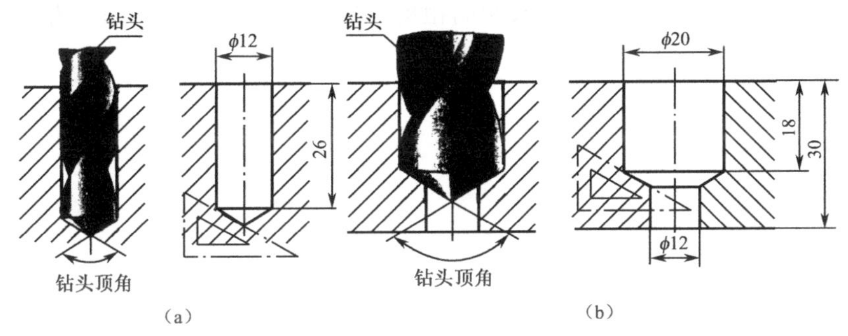

图 3-26　孔底结构的画法

表 3-5　中心孔的符号

要　求	符　　号	表示法示例	说　　明
在完工的零件上要求保留中心孔		GB/T 4459.5-B2.5/8	采用 B 型中心孔 d=2.5mm，D_2=8mm，在完工的零件上要求保留
在完工的零件上可以保留中心孔		GB/T 4459.5-A4/8.5	采用 A 型中心孔 d=4mm，D=8.5mm，在完工的零件上保留与否都可以

续表

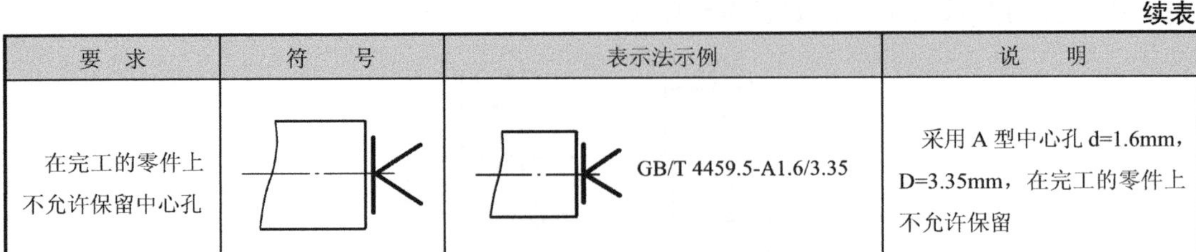

要　求	符　　号	表示法示例	说　　明
在完工的零件上不允许保留中心孔		GB/T 4459.5-A1.6/3.35	采用 A 型中心孔 d=1.6mm，D=3.35mm，在完工的零件上不允许保留

（2）中心孔的标记。中心孔的型式有四种：R 型（弧形）；A 型（不带护锥）；B 型（带护锥）和 C 型（带螺纹）。

R 型、A 型、B 型中心孔的标记：标准编号；型式（用字母 R、A、B 表示）；导向孔直径（d）和锥形孔端面直径（D 或 D_2）。

例如标记：GB/T 4459.5—A4/8.5

C 型中心孔的标记：标准编号；型式（用字母 C 表示）；螺纹代号（用普通螺纹特征代号 M 和公称直径表示）；螺纹长度（用字母 L 和数值表示）和锥形孔端面直径 D_3。

例：GB/T 4459.5—CM10L30/16.3

（3）中心孔表示法，如图 3-27 所示。

① 规定表示法。在图样中，中心孔可不绘制详细结构，用符号和标记在轴端给出对中心孔的要求，如图 3-27 所示。对中心孔表面的粗糙度要求和以中心孔的轴线为基准时的标注方法如图 3-28 所示。

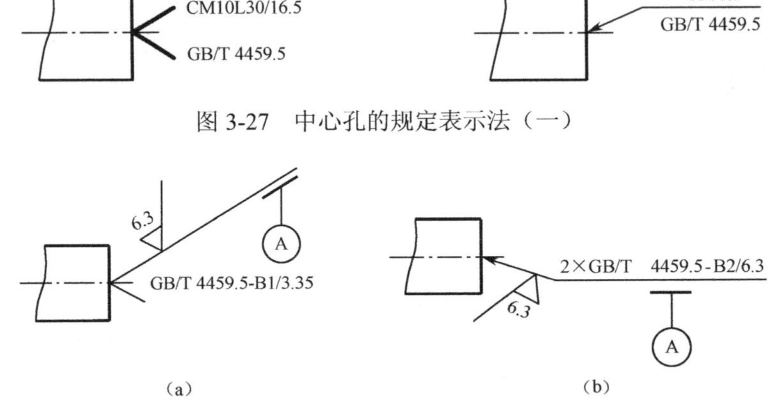

图 3-27　中心孔的规定表示法（一）

（a）　（b）

图 3-28　中心孔的规定表示法（二）

② 简化表示法。在不致引起误解时，可省略中心孔标记中的标准编号，如图 3-29 所示。若同一轴的两端中心孔相同时，可只在其一端标出，但应注出其数量。如图 3-28（b）和图 3-29 所示。

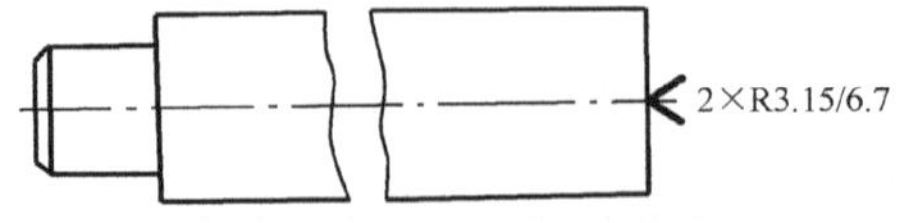

图 3-29　省略标准编号的中心孔简化表示法

3.5 读零件图

作为一个技术工人必须学会识读零件图：根据零件图想像分析出零件的结构形状；了解零件的尺寸和技术要求；在加工制造时采用相应的技术措施来达到图样上提出的要求。读零件图时，应联系零件在机器或部件中的位置、作用以及与其他零件的关系。识读零件图的一般方法和步骤如下：

（1）首先看标题栏，概括了解零件。看标题栏，了解零件名称、材料和比例等内容，从而大体了解零件的功用；从名称判断该零件属于哪一类零件；从材料判断该零件大致的加工方法；从比例判断该零件的实际大小，从而对零件有初步的了解。

（2）分析研究视图，想像结构形状。看视图，分析零件各视图的配置及视图之间的关系，采用的表达方法和表达的内容，运用组合体的读图方法，形体分析法和线面分析法来读懂零件各部分的结构，想像出零件各部分的形状、相对位置及其作用。

（3）分析所有尺寸，弄清尺寸要求。综合分析视图和形体，分析零件的长、宽、高三个方向的尺寸基准，然后从基准出发，以结构形状分析为线索，再了解各形体的定形和定位尺寸，弄清各个尺寸的作用，图形和尺寸表达的是零件的形状和大小，读图时应把视图、尺寸和形状结构三者结合起来分析。

（4）分析技术要求，综合看懂全图。读图时应弄清表面粗糙度、尺寸公差、形位公差等技术要求，了解其代号含义，必要时还要联系相关零件一起分析。

读图时，以上各步骤只是看图须注意的几个方面，不必机械照搬，而要前后联系、相互补充，突出重点进行分析，形成对零件完整的认识。

零件是组成机器或部件的基本单元。根据零件的结构特点，可将其分为：轴套类、轮盘类、叉架类和箱体类，现对这几类零件分别举例，对照上述步骤，说明识读的方法。

1. 轴套类零件

轴套类零件主要用来传递运动和支承传动件，读图要领包括以下几个方面。

（1）轴套类零件的结构特点。这类零件的结构特点是主要由圆柱体，圆锥体组成，零件的长度远大于直径。轴套类包括轴、杆、轴套等。零件上常带有台阶、螺纹、键槽、退刀槽、销孔、中心孔、倒角、倒圆等结构。

（2）轴套类零件的主要加工方法。轴套类零件的毛坯一般采用棒料。零件的主要工序在车床和磨床上进行。

（3）轴套类零件常用的表达方案。轴套类零件的视图一般只选取一个主视图，轴线水平放置，使其符合加工位置，并将先加工的一端放在右边。局部细节常用局部视图、局部剖视图、移出断面图及局部放大图表示。对于形状有规律变化且较长的轴套类零件，常采用折断画法。

（4）轴套类零件的尺寸标注。轴套类零件一般选取零件轴线作为径向基准（高度、宽度方向），重要的台阶面为轴向（长度方向）基准，主要尺寸直接注出，其余尺寸按加工顺序标注。

（5）轴套类零件的技术要求。轴套类零件有配合的轴颈和一些重要的轴向尺寸，精度要求较高，一般还要有表面粗糙度要求，配合表面要求较高，对于配合轴颈、支承轴颈和重要端面之间常有形位公差要求。

【例 3.1】　读轴套类零件图，如图 3-30 所示。

（1）看标题栏。从标题栏可知，零件名称是轴，材料是 $45^{\#}$ 钢，比例 1:2，说明轴的实际大小比图形大一倍。同时，可联想到它的作用和轴类零件的结构特点、加工方法等，对零件有了初步的了解。

（2）分析视图和结构形状。根据视图的布置和有关标注，首先找到主视图。由于轴主要在车床上切削加工，因此主视图按加工位置放置，将轴水平放置。由于零件基本上对轴线径向对称，所以采用基本视图加上一系列的直径尺寸，就能表达清楚其主要形状。主视图采用局部剖，表达出销孔的内部结构，再根据投影规律，弄懂其他各个视图以及所采用的各种表达方法。采用局部放大图表达砂轮越程槽的结构形状及尺寸大小。主视图下方的是移出断面图，它们表达断面的形状结构和标注键槽的尺寸。

分析图形，不仅要着重看清主要结构形状，而且要认真地分析每一个细小部位的结构，能更好地想像出零件的结构形状。

（3）尺寸标注。该零件的轴线为径向主要基准，右端面为轴向主要基准，如图中 36，86，196 等尺寸，均从右端面注起。该端面也是加工过程的测量基准。图中退刀槽的尺寸标为“槽宽×槽深”。

尺寸是零件加工的重要依据，看尺寸必须认真，防止看错尺寸，从而造成废品。

（4）看技术要求。

① 尺寸公差。要求较高的尺寸在标注时都应标注尺寸偏差（或公差）。如零件图中的 $\phi32_{-0.087}^{-0.025}$，$16_{-0.061}^{-0.018}$，$\phi50\pm0.08$。

② 表面粗糙度。零件的工作表面应标注表面粗糙度，对加工提出严格的要求。$\phi50$ 圆柱外圆表面粗糙度 Ra 的上限值为 0.4μm，这样的表面只有经过磨削才能达到，要求最高。图中未注表面粗糙度要求的表面的 Ra 的上限值为 12.5μm，这样的表面车削就能达到，要求最低。

③ 形位公差。左端 $\phi32$ 圆柱表面要求圆度公差为 0.02。左右两处 $\phi32$ 圆柱轴线相对于 $\phi50$ 圆柱轴线的同轴度公差为 $\phi0.03$。这些要求在加工过程中必须加以保证。

④ 其他技术要求。轴的材料为 $45^{\#}$ 钢，为了提高材料的强度和韧性要进行淬火处理，HRC 硬度要达到 45～50（除螺纹表面外）；图中未注倒角按 C1 进行加工；在图中未标注尺寸公差的线性尺寸按 GB/T 1804—m 来执行；在图中未标注形位公差的按 GB/T 1184—k 来执行。

2. 轮盘类零件

轮盘类零件主要用来传递运动、连接、支承和密封，读图要领包括以下几个方面。

（1）轮盘类零件的结构特点。这类零件的主要形体是回转体，也有方形或组合形。零件的长度远小于直径。轮盘类包括手轮、带轮、齿轮、法兰盘、端盖和压盖等。零件上常带有轴孔、键槽、退刀槽、倒角、倒圆、均匀分布的孔等结构，并且常有一个端面与其他零件结合。

（2）轮盘类零件的主要加工方法。轮盘类零件的毛坯多为铸件，主要工序在车床上进行。

（3）轮盘类零件常用的表达方案。轮盘类零件的视图一般采用两个基本视图。主视图按加工位置原则，轴线水平放置（对于不以车削为主的零件，则按工作位置选择主视图），常采用剖视图表达内部结构；另一个视图表达外形轮廓和其他结构，如孔、肋、轮辐的相对位置等。局部细节常用剖视图、辅助视图、断面、简化画法表示。

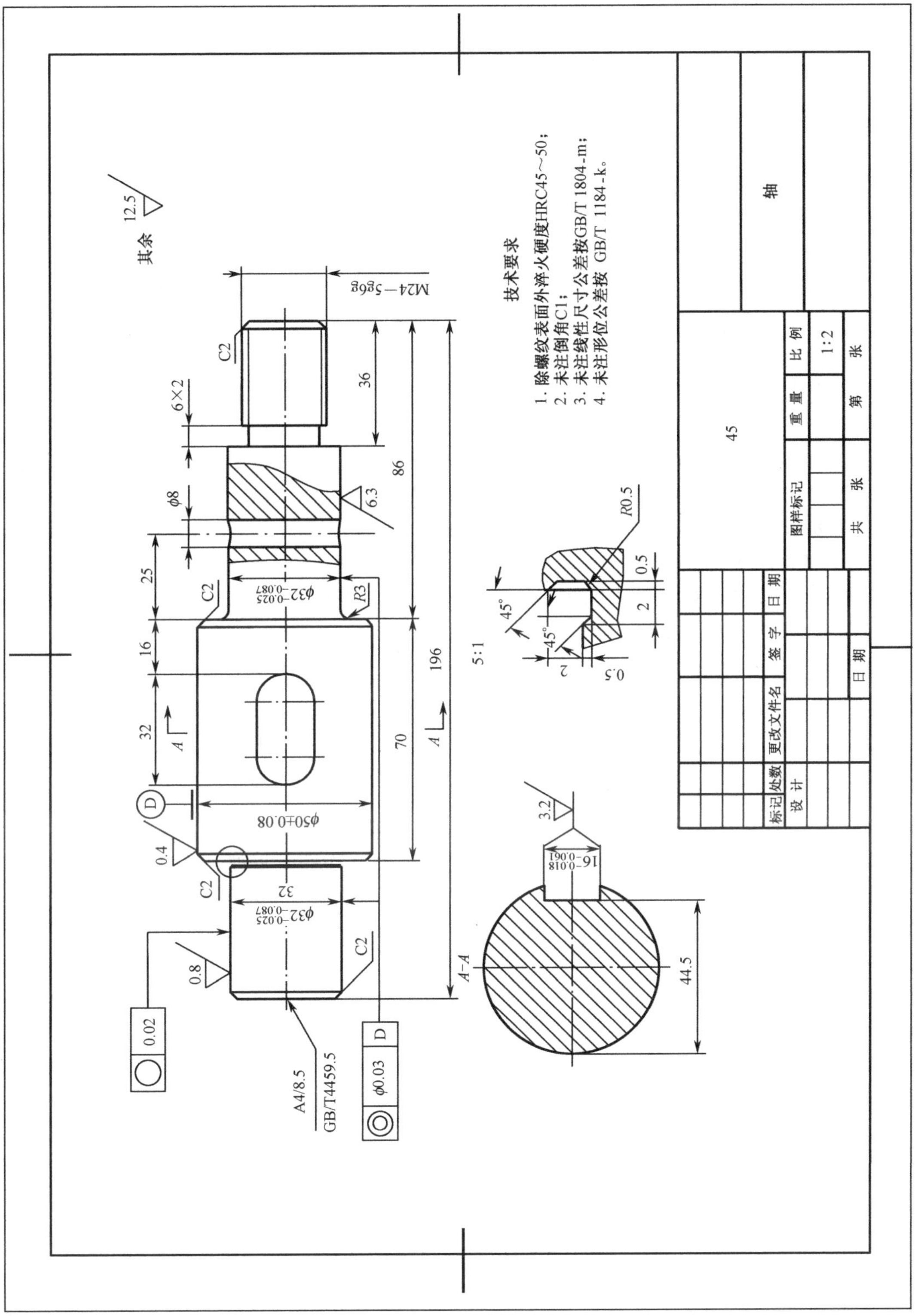

其余 12.5

技术要求

1. 除螺纹表面外淬火硬度HRC45～50；
2. 未注倒角C1；
3. 未注线性尺寸公差按GB/T 1804-m；
4. 未注形位公差按 GB/T 1184-k。

					45			轴
标记	处数	更改文件名	签 字	日 期				
设 计					图样标记	重 量	比 例	
							1:2	
			日 期		共　张	第　张		

图 3-30　轴零件

（4）轮盘类零件的尺寸标注。轮盘类零件以轴线作为径向基准。零件的主要结合面以轴向为基准。对于均布孔，可采用“$n\times\phi$m EQS”形式标注。

（5）轮盘类零件的技术要求。轮盘类零件有配合要求的轴、孔尺寸精度要求较高，配合的内、外表面及轴向定位端面表面粗糙度要求较高。有配合要求的内、外表面及与其他运动件相接触的表面应有形位公差要求。由于材料多为铸件，常有时效处理和表面处理等要求。

【例 3.2】 读轮盘类零件图，如图 3-31 所示。

（1）看标题栏。由零件图的标题栏可知，零件名称是皮带轮，材料是 HT200（灰口铸铁，抗拉强度为 200MPa），比例为 1:2。

（2）分析视图和结构形状。因该零件是短粗的回转体，主要在车床或镗床上加工，故主视图采用轴线水平放置的投射方向，符合加工位置原则。为了表达清楚零件的内部结构，主视图采用了单一剖的全剖视图，为了表达零件的外部轮廓，左视图采用了基本视图。可清楚看到轮毂与辐板上孔的形状与位置关系。

（3）尺寸标注。该零件的轴线为径向主要基准，以ϕ60 圆柱左端面为轴向主要基准（零件的主要结合面）。总长为 30，最大直径为ϕ220，键槽尺寸由 33.3 和 8JS9 决定，4×30 的孔的定位尺寸为ϕ110。皮带轮上槽的定位尺寸为（36，21）。

（4）技术要求。

① 尺寸公差。要求较高的尺寸为圆孔的直径ϕ30 及键槽的宽度 8JS9。

② 表面粗糙度。要求最高的表面为ϕ30 圆孔表面，Ra 的上限值为 1.6μm。要求最低的表面为图中未注表面粗糙度要求的表面，是不需机械加工的表面，代号为√。

③ 形位公差。ϕ60 圆柱左端面和零件右端面相对于ϕ30 圆柱轴线的垂直度公差为 0.05。

④ 其他技术要求。图中标注铸造圆角半径为 R3，则加工好以后对零件要作修钝锐边的处理。

3. 叉架类零件

叉架类零件的作用通常是操纵、调节、连接和支承等，读图要领包括以下几个方面：

（1）叉架类零件的结构特点。叉架类包括拨叉、摇臂、连杆、支架、支座等。这类零件的主要结构特点是形状一般较为复杂且不太规则，由三部分组成：工作部分（传递预定动作）；支承部分（支承或安装固定零件自身）；连接部分（连接零件自身的工作部分和支承部分）。零件上有一个或几个主要孔，中间用肋板或杆体连接。

（2）叉架类零件的主要加工方法。叉架类零件一般铸造或锻造成毛坯后再经过车、铣、刨、镗、钻等各种工序的加工。

叉架类零件常用的表达方案中的视图一般需要两个以上基本视图。主视图常选择工作位置，反映主要形状特征；连接部分和细部结构，则采用局部视图、斜视图、断面、局部放大图等表示。

（3）叉架类零件的尺寸标注。叉架类零件一般以安装基面、对称平面、孔的中心线和轴线作为主要尺寸基准。

（4）叉架类零件的技术要求。叉架类零件的支承部分、运动配合及安装面均有较严的尺寸公差、形位公差和表面粗糙度等要求。

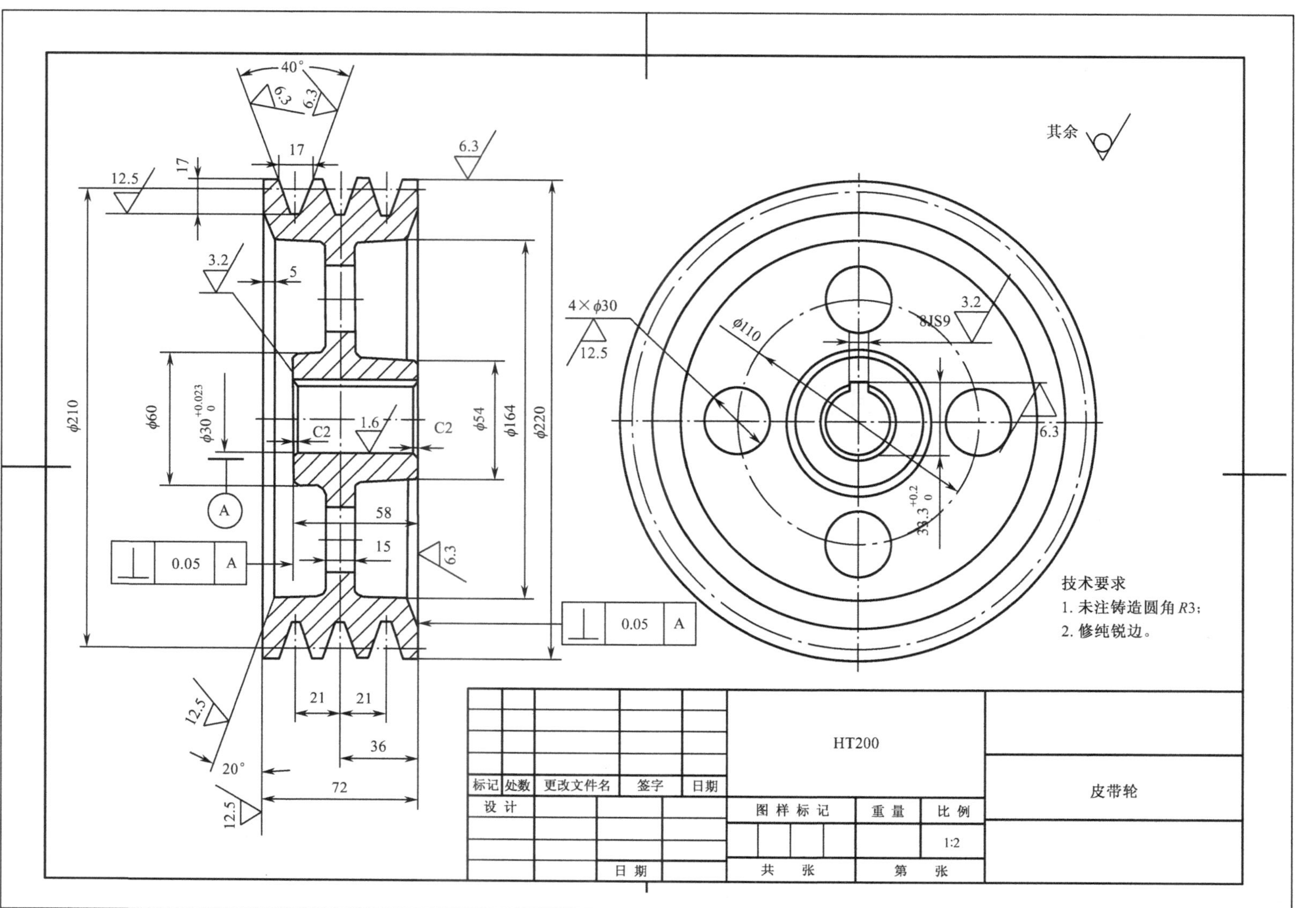

40°
6.3
6.3
17
17
12.5
6.3
3.2
5
ϕ210
ϕ60
ϕ30$^{+0.023}_{0}$
C2
1.6
C2
ϕ54
ϕ164
ϕ220
A
58
15
0.05
A
6.3
0.05
A
12.5
20°
21
21
36
72
12.5
4×ϕ30
12.5
ϕ110
8JS9
3.2
6.3
33.3$^{+0.2}_{0}$
其余
技术要求
1. 未注铸造圆角R3；
2. 修纯锐边。
HT200
皮带轮
标记
处数
更改文件名
签字
日期
设 计
日 期
图 样 标 记
重 量
比 例
1:2
共 张
第 张

图 3-31 皮带轮零件图

【例 3.3】 读叉架类零件图，如图 3-32 所示。

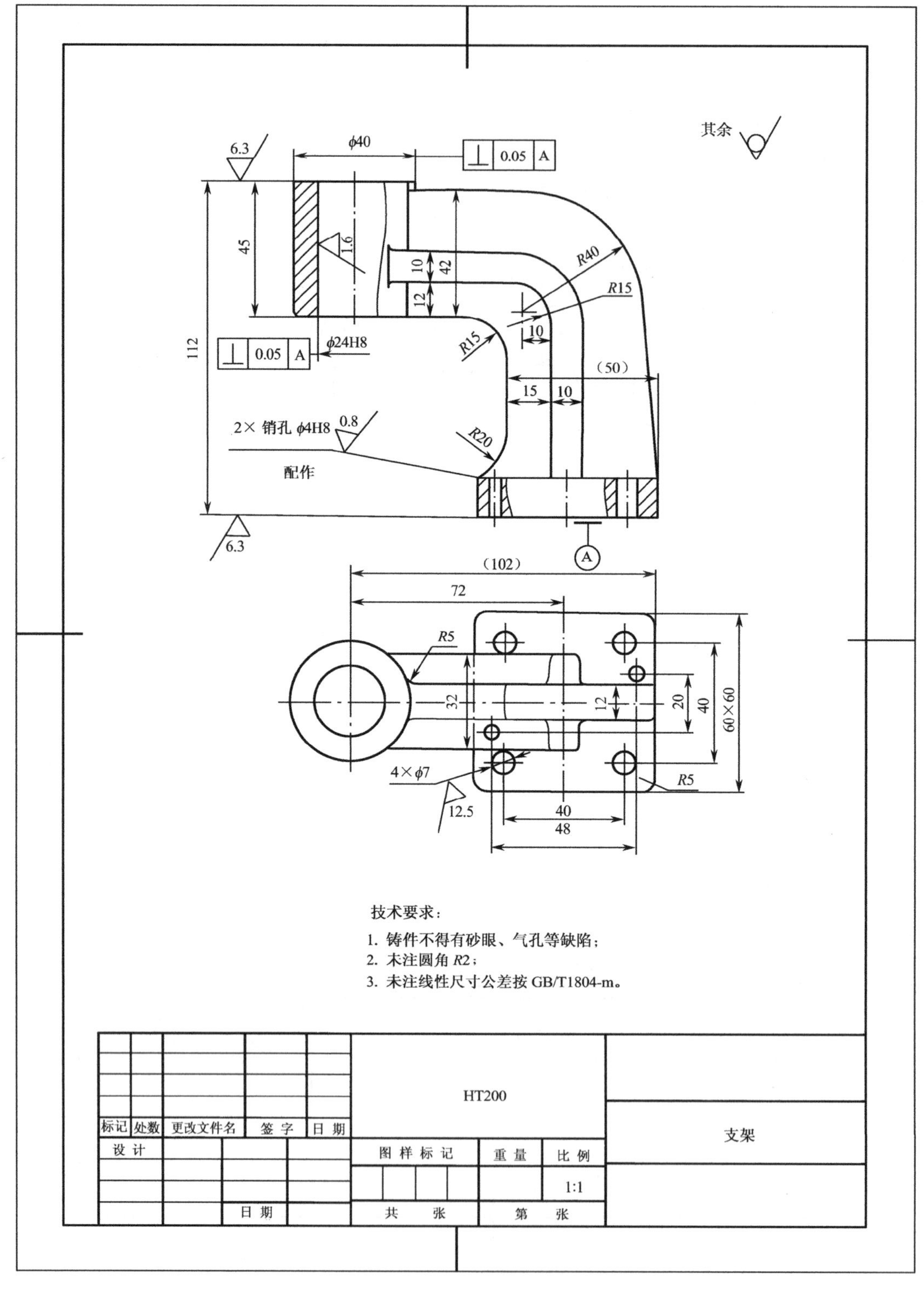

图 3-32　支架零件图

（1）看标题栏。由零件图的标题栏可知，零件名称是支架，材料是HT200（灰口铸铁），比例为1:1。

（2）分析视图和结构形状。因该零件用了两个图形表达，主视图表达出零件的整体结构形状和相互间的位置关系，同时采用了三处局部剖视分别表达ϕ24H8孔，4×ϕ7孔和2个销孔ϕ4H8的结构，零件的主要结构为左边ϕ40的空心圆柱体和下面的底板两者之间由十字肋板连接。俯视图反映零件的外部形状。

（3）尺寸标注。该零件的底板的左右对称中心平面为长度方向的主要基准，以底面为高度方向的主要基准。宽度方向以前后对称平面为主要基准。（50）和（102）在尺寸上加括号是指参考尺寸；ϕ24孔的定位尺寸为72；4×ϕ7孔的定位尺寸为（40, 40）；2×销孔ϕ4H8的定位尺寸为（20, 48）；“配作”指的是装配后销孔与被连接零件同时加工。

（4）技术要求。

① 尺寸公差。要求较高的尺寸有ϕ24H8和ϕ4H8。

② 表面粗糙度。要求最高的表面为销孔表面，*Ra* 的上限值为 0.8μm。要求最低的表面为图中未注表面粗糙度代号的表面，代号为 $\checkmark$ 。

③ 形位公差。ϕ24 圆孔轴线与底面的垂直度公差为 0.05。

④ 其他技术要求。铸件加工后不得有砂眼、气孔等缺陷；图中未注铸造圆角半径为 *R*2；图中未注公差的尺寸按 GB/T 1804—m 给出。

4. 箱体类零件

箱体类零件一般是机器和部件的主体，用来支承和安装其他零件等。它的读图要领包括以下几个方面：

（1）箱体类零件的结构特点。箱体类包括阀体、泵体、箱体、机座等。这类零件的形状结构比其他零件复杂。为空心壳体，其上常有轴孔，结合面销孔、凸台、凹坑、加强肋板、螺纹孔等结构。

（2）箱体类零件的主要加工方法。箱体类零件一般为铸件，主要在铣床、刨床、镗床上加工。

（3）箱体类零件常用的表达方案。箱体类零件的视图一般需要两个以上基本视图表达。主视图多采用剖视图突出内部结构形状，按形状特征和工作位置来放置。若内外形状具有对称性，应采用半剖视图。若内部外部形状都较复杂且不对称，则可选投影不相互遮掩处用局部视图，且保留一定虚线。局部结构则常采用局部视图、局部剖视图、断面图等方法来表示。

（4）箱体类零件的尺寸标注。箱体类零件长度、宽度、高度三个方向的主要尺寸基准通常选用轴孔的中心线、对称平面、安装基面和较大的加工平面。

（5）箱体类零件的技术要求。箱体类零件的轴孔、结合面及重要表面有较严格的尺寸精度、表面粗糙度和形位公差要求。对于铸件，常要进行时效处理，不允许有砂眼裂纹等处理。

【例3.4】 读箱体类零件图，如图3-33所示。

（1）看标题栏。由零件图的标题栏可知，零件名称是机件，材料是HT150，比例为1:2。

（2）分析视图和结构形状。因该零件用了三个图形表达，主视图按表达形状特征原则和工作位置原则放置。采用两个平行剖切平面画出的全剖视图，表达出机件的内部结构形状和相互的位置关系；俯视图是基本视图，表达零件的外形。图 3-33（c）是单一剖切面画出的全剖视图。

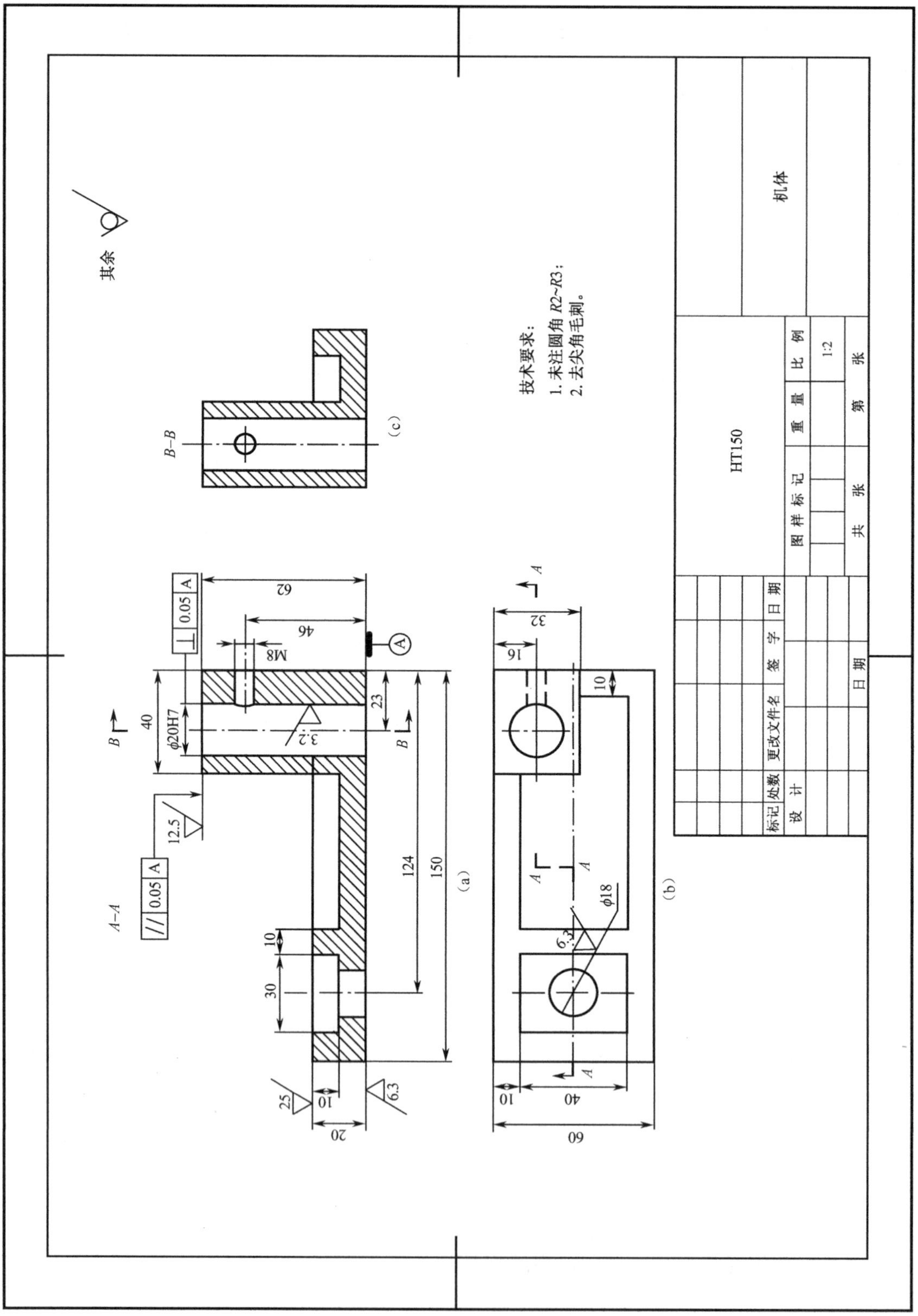

其余

B–B

（c）

A–A

（a）

（b）

技术要求：

1. 未注圆角 R2~R3；
2. 去尖角毛刺。

机体					
HT150					
图样标记			重量	比例	
				1:2	
共 张			第 张		

标记	处数	更改文件名	签字	日期
设计			日期	

图 3-33 机件零件图

（3）尺寸标注。该零件的右端面为长度方向的主要基准，以底面为高度方向的主要基准。宽度方向以零件后面为主要基准。ϕ20H7 孔的定位尺寸为（16, 23）；M8 螺纹孔的定位尺寸为（16, 46）。

（4）技术要求。

① 尺寸公差。要求最高的尺寸为ϕ20H7。

② 表面粗糙度。ϕ20H7 孔的表面要求最高，Ra 的上限值为 3.2μm。要求最低的表面为图中未注表面粗糙度代号的表面，其代号为 $\surd$ 。

③ 形位公差。顶面对底面的平行度公差为 0.05；ϕ20H7 孔的轴线相对于底面的垂直度公差为 0.05。

④ 其他技术要求。图中未注铸造圆角半径为 $R2$～$R3$；铸件加工后要进行去尖角毛刺的处理。

通过对四类典型零件的分析，可以看出识读零件图的一般方法是从概括了解到深入细致分析。读图时必须充分利用前面所学到的知识，结合自己在机械加工方面所掌握的知识，根据零件的结构特点从主视图入手，结合其他图形，联系尺寸想像出形状与大小，并通过技术要求的内容，以便帮助深刻认识零件，有时还必须借助一些有关资料才能真正对零件图作出全面的了解。

第 4 章　装配图的识读

装配图是表达装配体（机器或部件）的图样。它表示出该机器（部件）的构造，零件之间的装配与联结关系，装配体的工作原理，以及生产该装配体的技术和检验要求，安装及维修要求等，是表达设计思想、进行生产指导和技术交流的重要技术文件。

4.1　装配图的基本知识

装配图和零件图一样，应按国家标准中机械制图的相关规定，将装配体的内外结构和形状表示清楚，前面介绍的机件图样画法和选用原则，都能适用于装配体，但由于装配图和零件图所需要表达的重点不同，因此国家标准对装配图的画法，另有相应的规定。

（1）相邻两个零件的接触面和配合面之间，规定只画一条线，而非接触面、非配合表面，则不论间隙多小，均应留间隙（为两条线）。

（2）相邻两个被剖切的金属零件，它们的剖面线倾斜方向应相反，若几个相邻零件被剖切，其剖面线可用间隙、倾斜方向错开等方法加以区别，但在同一张图纸上，表示同一零件的剖面线其方向、间隔应相同。

剖面厚度小于 2mm 时，允许以涂黑来代替剖面线。

（3）在装配图上，当剖切平面通过标准件（螺钉、螺栓、螺母、垫圈、销、键等）和实心件（轴、杆、柄、球等）的基本轴线时，这些零件按不剖绘制。

（4）对于薄、细、小间隙，以及斜度、锥度很小的零件或某部位，可以适当地加厚、加粗、加大画出，以使这些部位的轮廓特征明晰。

（5）简化措施。

① 对于同一规格、均匀分布的螺栓、螺母等联接件或相同的零件组，允许只画一个或一组，其余用中心线或轴线表示其位置。

② 对于滚动轴承、密封圈、油封等，可仅画出对称图形的一半，另一半按其外轮廓画出，并在其中画交叉的细实线。

③ 零件上的工艺结构，如倒角、倒圆、沟槽、凸台等可省略不画。

（6）为便于看图、管理图样和组织生产，装配图上需对每个不同的零部件进行编号，序号应按顺时针或逆时针方向整齐地顺次排列。

4.2　识读装配图

读装配图是通过对现有图形、尺寸、符号、文字的分析，了解设计意图和要求的过程。

在设计、制造、检验、维修工作乃至专业课的学习过程中都需要掌握读装配图的技巧。

1. 读装配图的基本要求

（1）了解装配体的名称、用途、结构以及工作原理。

（2）了解各零件之间的连接形式以及装配关系。

（3）熟悉各零件的结构形状和作用，想像出装配体中各零件的动作过程。

2. 读装配图的方法和步骤

如图 4-1 所示，以虎钳装配图为例叙述读图过程。

（1）概括了解。根据标题栏和明细栏，可知装配体及各组成零件的名称，由名称可略知它们的用途；由比例及件数可知道装配体的大小及复杂程度。

从标题栏和明细栏中可知虎钳由活动钳身、钳座、底盘、丝杠等 15 个不同的零件组成。虎钳一般安装在工作台上，用钳口夹紧被加工零件，进行加工。

（2）分析视图，看零件。根据装配图的视图、剖视图、剖面图，找出它们的剖切位置、投影方向及相互间的联系，初步了解装配体的结构和零件之间的装配关系。

利用件号、不同方向或不同疏密的剖面线，把一个个零件的视图范围划分出来，找对投影关系，想像出各零件的形状，对于某些不易直接确定的部分，应借助于分规和三角板来判断，并应该考虑是否采用了简化画法。

虎钳装配图共采用了三个主要视图和三个辅助视图，如表 4-1 所示。

表 4-1　虎钳装配图的视图说明

	说　明	备　注
主视图	反映了虎钳的主要装配关系	多处采用了局部剖视的表达方法
俯视图	反映了底盘、钳座等外部形状，丝杆的定位情况	1 处采用了局部剖视图的表达方法
K 向视图	反映了底盘和钳座间的配合关系（方槽），固定丝母和钳座间的配合关系（燕尾槽），表达了锁紧钳座的三个零件（锁紧杆、固定螺母、方头螺母）的装配关系	原本在左视图的位置，因图幅限制而放在下面，采用向视图的表达方法
B 向局部视图	反映主视图上未表达清楚的钳口的形状及螺钉的安装位置	钳口表面采用网纹处理
C 向局部视图	表达了底盘下面有一个方形孔与 T 形槽相通，方头螺母就是从这个方孔放入槽内的	
A-A 局部放大图	采用了 2:1 的放大比例来表达钳口和钳座之间的装配关系	

（3）了解工作原理和装配关系。分析完零件后，应了解它们的作用及动作过程。

钳座 1 装在底盘 3 上，底盘安装在工作台上，当松开锁紧杆 8、螺栓 9、螺母 10 装置时，钳身可绕底盘转动 360°。

钳身 2 安装在钳座 1 里并可滑动。固定丝母 5 通过燕尾槽和销 12 固定在钳座上。丝杆 4 左端通过挡板 6 固定在钳身上，可以转动，螺纹部分装在丝母里。因此，当旋转杆 13 时，丝杆转动并通过丝母带动钳身移动，起夹紧和松开零件的作用。

（4）分析尺寸。装配图与零件图不同，不要求注上所有的尺寸，只要求注出与装配体的装配、检验或调试等有关的尺寸，常见的尺寸标准如表 4-2 所示。

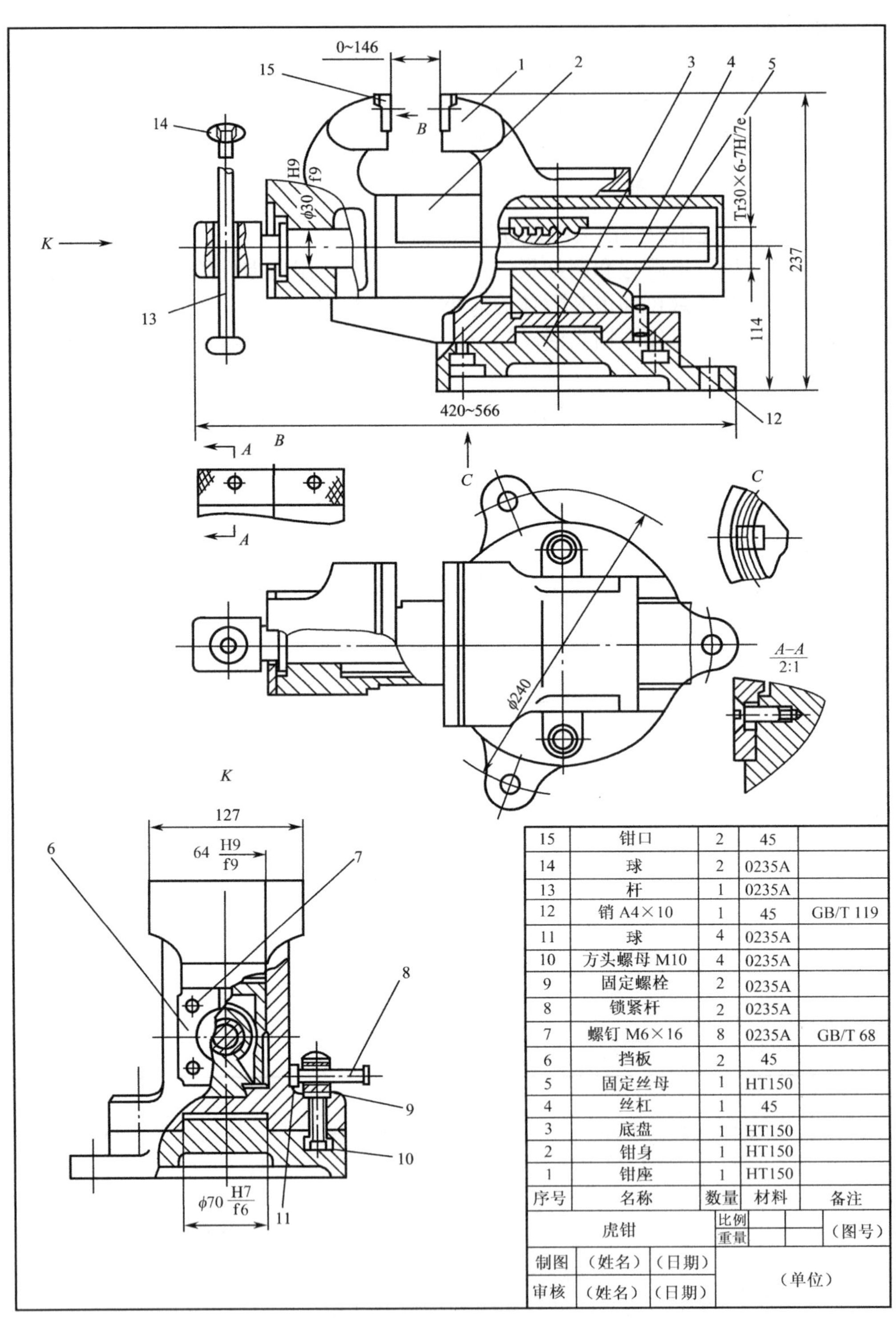

15	钳口	2	45	
14	球	2	0235A	
13	杆	1	0235A	
12	销 A4×10	1	45	GB/T 119
11	球	4	0235A	
10	方头螺母 M10	4	0235A	
9	固定螺栓	2	0235A	
8	锁紧杆	2	0235A	
7	螺钉 M6×16	8	0235A	GB/T 68
6	挡板	2	45	
5	固定丝母	1	HT150	
4	丝杠	1	45	
3	底盘	1	HT150	
2	钳身	1	HT150	
1	钳座	1	HT150	
序号	名称	数量	材料	备注

虎钳		比例		（图号）
		重量		
制图	（姓名）	（日期）	（单位）	
审核	（姓名）	（日期）		

图 4-1 虎钳装配图

表 4-2　装配尺寸类型

尺寸类型	举　例	说　明
性能（规格）尺寸	性能尺寸：0~146 规格尺寸：127	表示被夹紧工件的最大厚度 表示钳口的宽度尺寸
装配关系尺寸	配合尺寸：64H9/f9 ϕ30H9/f9	这类尺寸表明装配体上相关零件之间的装配关系
安装尺寸	安装尺寸：ϕ240	表示三个安装螺栓的孔均匀分布在ϕ240 的圆周上，在工作台上加工相同位置的安装孔，以完成虎钳在工作台上的螺栓联接
总体尺寸	总体尺寸： 420～566，237	这类尺寸说明了装配体在包装、安装时占用的体积、面积的设计尺寸
其他重要尺寸	重要的设计尺寸： Tr30×6-7H/7e	这类尺寸是根据装配体的结构特点和需要，必须标注的重要尺寸

表 4-2 中所提到的 5 类尺寸，并非在每张装配图上都需注全，有时同一个尺寸，可能有几种含义，因此在装配图上到底应注哪些尺寸，需根据具体装配体分析而定。

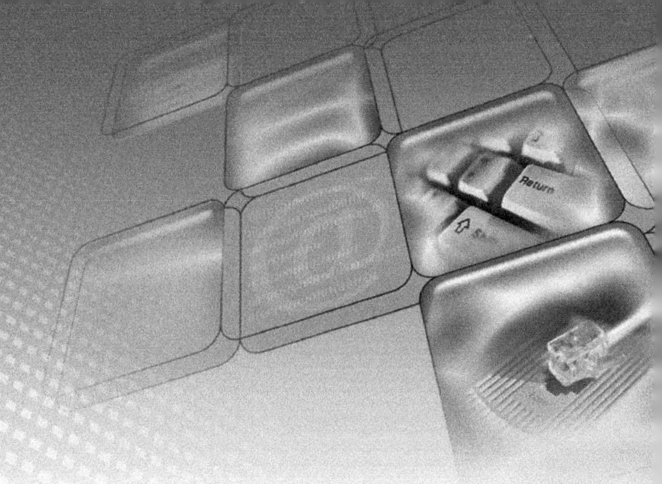

第二部分 AutoCAD 基础知识

随着计算机技术的飞速发展，计算机绘图正在逐步的取代手工绘图，在众多的计算机绘图软件中，AutoCAD 是最具代表性的一个。

AutoCAD 是美国 Autodesk 公司从 1982 年 12 月开始推出的计算机辅助设计与绘图软件，从第 1 版 AutoCAD 1.0 起，经历了多次的升级，现已达到 AutoCAD 2006。AutoCAD 版本的每一次升级，都代表着技术上的重大突破和功能上的加强。Auto CAD 2006 对用户界面进行了很大的改进。它让用户能更简单的与软件交互，使用户能更注重自己的设计。所以 AutoCAD 2006 已经广泛应用于机械、建筑、电子、城市规划、服装等有关的工程设计工作。

- AutoCAD 的基本操作
- 图层
- 基本绘图命令
- 基本编辑命令
- 文字输入与尺寸标注
- 视图显示控制与绘图辅助功能
- 块操作
- 打印输出
- AutoCAD 绘图实例

第 5 章 AutoCAD 的基本操作

5.1 AutoCAD 2006 的操作界面

启动 AutoCAD 2006，就会打开 AutoCAD 2006 窗口，如图 5-1 所示，这一窗口是用户的设计工作空间，它由下拉菜单、标准工具栏、绘图和修改工具栏、绘图区域、十字光标、坐标系图标、命令提示行，状态栏和滚动条等组成。

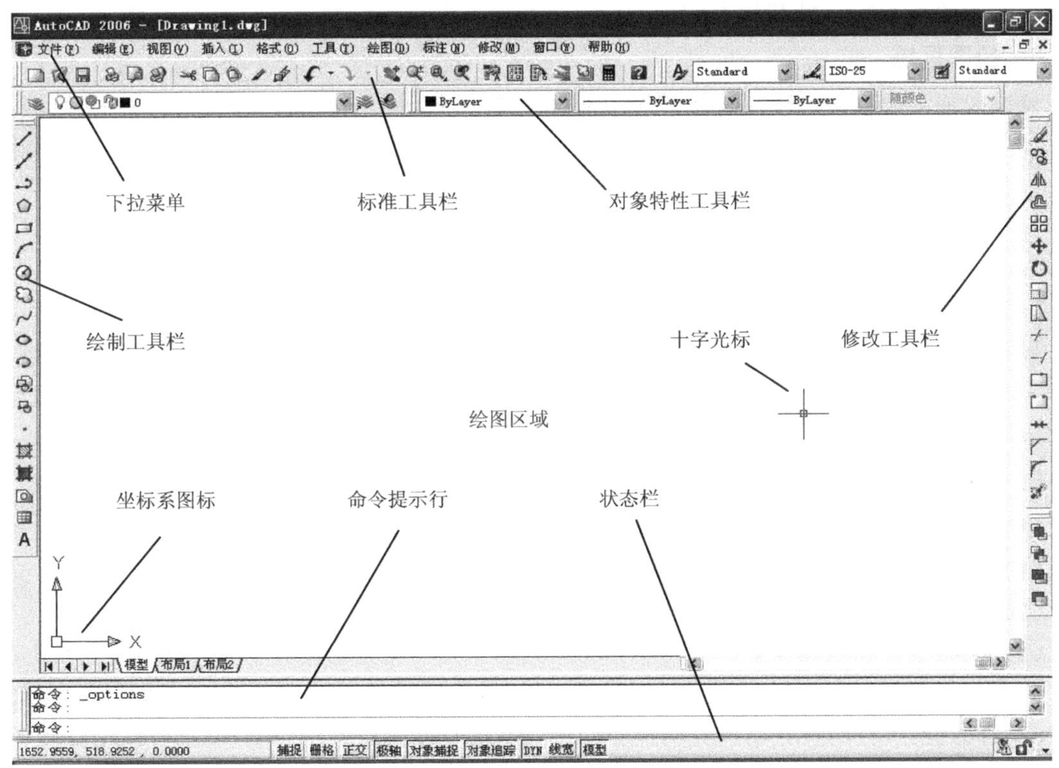

图 5-1　操作界面

1. 下拉菜单

单击下拉菜单选项，会显示出相应的可以执行各种操作的命令选项，下拉菜单中的命令具有下列特点：

（1）若命令后有省略号，执行该命令会显示一个对话框。

（2）若命令后有黑色箭头，光标移到该命令上时会显示出子菜单，用户再从子菜单上选择命令。

（3）若命令后没有附带黑色箭头或省略号，单击它即可开始执行相应的操作。在执行操作时，要注意观察命令提示行的提示。

2. 标准工具栏

标准工具栏包括常用的 AutoCAD 工具（例如，“重画”、“放弃”、“缩放”等），还有一些 Microsoft office 标准工具（例如，“打开”、“保存”、“打印” 等）。右下角带有小黑三角的工具按钮是弹出图标。弹出图标包含了若干工具，这些工具可以调用与第一个按钮有关的命令。单击第一个按钮并按住拾取键，可以显示弹出图标。

3. 对象特性工具栏

对象特性工具栏可以设置对象特性（例如，“颜色”、“线型”、“线宽”），管理图层。

4. 绘制和修改工具栏

绘图和修改工具栏在启动 AutoCAD 2006 时就显示出来。这些工具栏位于窗口左边或右边，可以方便地移动、打开和关闭它们。

5. 绘图区域

显示图形。根据窗口大小和显示的其他组件数目不同，绘图区域的大小将有所不同。

6. 十字光标

在绘图区域拾取点和绘图点。十字光标由定点设备控制，可以使用十字光标定位点、选择和绘制对象。

7. 坐标系图标

显示图形方向。AutoCAD 2006 有一个固定的世界坐标系（WCS）和一个活动的用户坐标系（UCS）。查看显示在绘图区域左下角的坐标系图标，可以了解当前绘图时所使用的坐标系的形成过程。

8. 命令提示行

显示命令提示和信息。在 AutoCAD 2006 中，可以按下列三种方式启动命令。

（1）从菜单或快捷菜单中选择菜单项。

（2）单击工具栏上的按钮。

（3）在命令行输入命令。

从菜单和工具栏中选择命令，AutoCAD 2006 也会在命令窗口显示命令提示和命令记录。

9. 状态栏

在左下角显示光标坐标。状态栏还包含一些按钮，使用这些按钮可以打开常用的绘图辅助工具。这些工具包括“捕捉”（捕捉模式）、“栅格”（图形栅格）、“正交”（正交模式）、“极轴”（极轴追踪）、“对象捕捉”（对象捕捉）、“对象追踪”（对象捕捉追踪）、“线宽”（线宽显示）和“模型”（模型空间和图纸空间切换）。

5.2　AutoCAD 2006 的坐标系统

1．AutoCAD 2006 的坐标系统

在绘制图形时，AutoCAD 2006 是通过坐标系统来确定一个图元在空间中的位置。坐标系统主要分为绝对直角坐标、绝对极坐标、相对直角坐标和相对极坐标四种。

（1）绝对直角坐标。输入点的 x 值和 y 值，坐标间用逗号隔开，如（100，70）。

（2）相对直角坐标。它是指相对前一个点的直角坐标值，其表达方式是在绝对坐标表达式前加@，如（@100，70）。

（3）绝对极坐标。它是输入该点距坐标系原点的距离以及这两点的连线与 x 轴正方向的夹角，中间用“<”隔开，如（100<60）。

（4）相对极坐标。它是指相对于前一个点的极坐标值，表达方式为在极坐标表达式前加@，如（@100<60）。

2．AutoCAD 2006 的点输入方式

绘图时，常要给出点的坐标，如线段的起始点和终点的坐标、圆的圆心坐标、两条线的交点坐标等。用 AutoCAD 2006 绘图时，一般可以用以下几种方式确定点。

（1）用鼠标在屏幕上单击左键取点。

（2）通过键盘输入点的坐标。

（3）在指定方向上通过给定距离定点。

（4）用目标捕捉方式输入一些特殊点（如圆心、切点等）。

（5）通过跟踪得到一些点。

5.3　AutoCAD 2006 的功能键及管理图形文件

功能键在绘图和编辑中非常有用，利用功能键可以使操作更快捷。

1．功能键的功能

F1：调用 AutoCAD 帮助对话框。

F2：显示或隐藏 AutoCAD 的文本窗口。

F3：调用对象捕捉设置对话框。

F4：校准数字化仪开关。

F5：不同方向的轴侧图之间的转换开关。

F6：坐标显示模式转换开关。

F7：栅格模式转换开关。

F8：正交模式转换开关。

F9：间隔捕捉模式转换开关。

F10：极轴模式转换开关。

Esc：用于取消当前执行的命令。

2. 管理图形文件

管理图形文件包括对图形进行新建、打开、浏览、存储等操作。在创建新图形时，可使用含有标准设置的样板，这个样板可以是由 AutoCAD 2006 提供的默认样板，也可以是包含用户所需设置的自定义样板。

有关 AutoCAD 2006 图形文件的“新建”、“打开”、“浏览”、“保存”、“另存为”等以及 AutoCAD 2006 的“启动”、“退出”，同 Windows 下其他应用软件是类似的。

5.4 设置绘图环境

开始绘制一幅新图时，需要确定绘制图幅的大小和所使用的尺寸单位和精度等，通常有两种方法。

1. 使用样板文件

当打开 AutoCAD 2006 后执行“文件/新建”命令时，屏幕弹出一个“选择样板”对话框，选择合适的样板文件，单击打开即可。

我们可以将常用的绘图环境如图幅大小、尺寸单位、精度以及标题栏等做成样板文件保存起来，等使用时进行套用，列表框可见到一系列已建立的图纸样板名称，单击文件名，右边预览框中就会出现按各种标准设定的不同尺寸的图纸及图框的图像，可以根据需要选用，这样可以最大限度地方便用户进行图形绘制工作，如图 5-2 所示。

图 5-2 “选择样板”对话框

也可以采用系统默认设置，在绘图过程中可用 Units 命令重新设置。

 **注意**

按照系统默认设置：转角的起点为东，是 X 轴正方向；转角的正方向为逆时针方向，这是在作图中常用到的。

2．使用格式菜单设置绘图环境

（1）设置绘图单位和精度。单击“格式”/“菜单”命令或者在命令行输入 Units 后，弹出“图形单位”对话框，如图 5-3 所示，按照要求选择各项内容后，单击“确定”按钮。

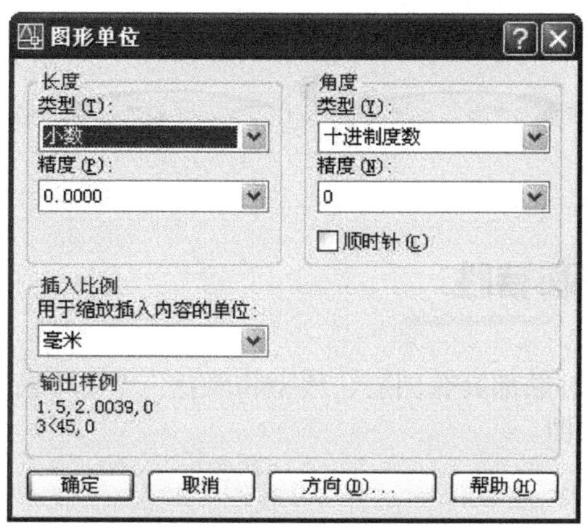

图 5-3　“图形单位”对话框

（2）设置绘图界限。单击“格式”/“图形界限”命令或在命令行输入 Limits 命令，可以在绘图状态下设定任意尺寸的图幅设置。

练一练

设置一个大小为 210 × 297 的图幅。

（1）单击“格式”/“图形界限”命令。

（2）命令行中显示出图形界限的左下角坐标（0，0），回车。

（3）显示出图形界限的右上角坐标为（420，297）。

（4）从键盘输入图形界限，如（210，297）。

（5）回车。

（6）输入 Z（即 Zoom 命令）后回车。

（7）输入 A 后回车，以便将所设图形界限全部显示在屏幕上。

第6章 图 层

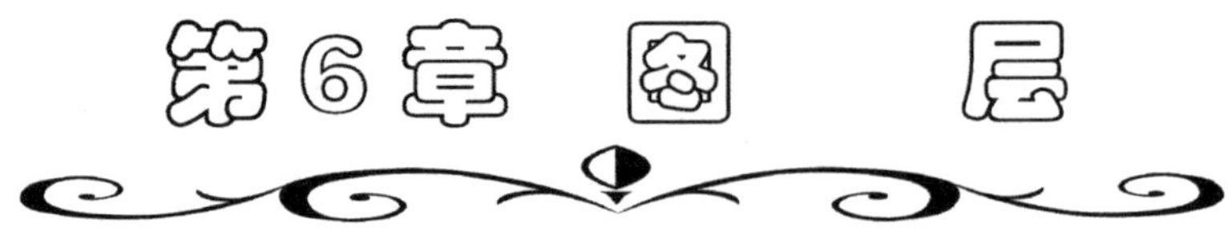

6.1 图层的概念和特性

在 AutoCAD 中绘制的对象都具有图层、线型和颜色三个基本特征，AutoCAD 允许用户建立和选用不同的图层来绘图。

1. 图层的概念

图层就像是透明的胶片，可以在它上面组织和编辑不同类型的图形信息。我们可以把图层想像成没有厚度的透明片，各层之间完全对齐，一层上的某一基准点准确地对准于其他各层上的同一基准点。各个图片组合起来就是一幅完整的图。因此，我们把不同类型的图元对象放在不同的层内，对象可以直接使用其所在图层定义的特性，也可以专门给各个对象指定特性。颜色有助于区分图形中相似的元素，线型则可以轻易地区分不同的绘图元素（如中心线或虚线）。线宽用宽度表现对象的大小，提高了图形的表达能力和可读性。组织图层和图层上的对象使得处理图形信息更加容易。

2. 图层的特性

（1）用户可以在一幅图中指定任意数量的图层，系统对图层数没有限制，但不要过多，够用即可。对每一个图层上容纳的对象数量也没有任何限制。

（2）每一个图层都应有一个名称加以区别。其中“0”层是 AutoCAD 自动定义的默认图层，其余图层需要由用户根据需要来定义名称。

（3）一般情况下，同一图层下的实体只能是一种线型，一种颜色，用户可以改变各图层的线型、颜色和状态。每个图层具有一定的线型和颜色。所谓图层的颜色，是指图层上面实体的颜色。对不同的图层可以设置相同的颜色，也可以设置不同的颜色。图层的线型是指在图层上绘图时所用的线型，每一层都应有一个相应线型，不同的图层可以设置相同的线型，也可以设置不同的线型。

（4）虽然 AutoCAD 允许用户建立多个图层，但只能在当前图层上绘图。可以通过图层操作命令改变当前的图层，AutoCAD 在对象属性工具条上会显示出当前图层的层名。

（5）各图层具有相同的坐标系、绘图界限、显示时的缩放倍数，用户可以对位于不同图层上的实体同时进行操作。

（6）用户可以对各图层进行关闭（打开）、冻结（解冻）、锁定（解锁）等操作，以决定各图层状态。有关图层的各种特性，结合图层对话框，在后面进行详细介绍。

6.2　图层管理

1. “图层特性管理器”工具栏

对图层的操作主要是在“图层特性管理器”对话框中进行，要打开对话框的途径有三种：

- “对象特性”工具栏/“图层”按钮
- “格式”菜单/“图层”选项
- 命令：Layer

命令执行后，即打开了“图层特性管理器”对话框，如图 6-1 所示。

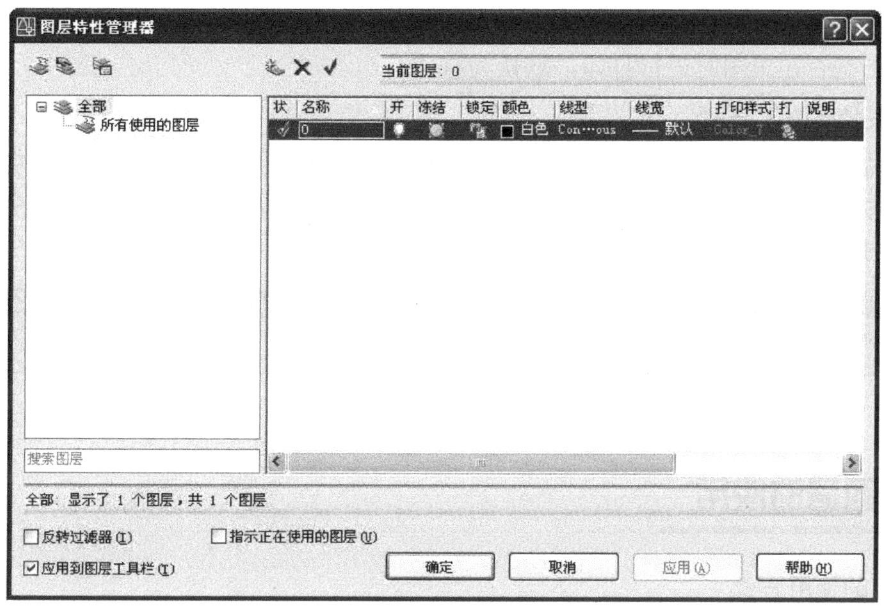

图 6-1　“图层特性管理器”对话框

（1）选择“反向过滤器”复选框，可以显示的图层范围是下拉列表框所选类型以外的图层。

选择“应用到图层工具栏”复选框，将显示图层的约束条件应用于对象特征状态栏中。

（2）新建图层：单击“新建”按钮，会在最后一个图层下出现一个高亮显示的默认名为“图层 1”的图层，可修改层名。

（3）删除图层：如果在框中选取一个图层后，单击“删除”按钮再单击“应用”就可以将该层删除掉。

（4）置为当前：如果需将某层设置为当前层，则选中所需要的层，单击“当前”按钮即可。（当前层只有一个，用绘图命令绘制的图形都产生在当前层上。）

（5）控制图层信息。

名称：图层的名称，可以直接修改层名。

图层的状态：打开与关闭图层。如果图层被打开，则该图层上的图形可以在图形显示器或在绘图仪上绘出。被关闭的图层仍然是图的一部分，但它们不能被显示或打印出来。

冻结与解冻图层：如果图层被冻结，该层上的图形实体不能被显示或打印出来，而且也不参加图形之间的运算；被解冻的图层正好相反。从可见性来说冻结的层与关闭的层是相同的，但前者的实体不参加处理过程，而关闭的图层则要参加运算。所以在复杂的图形中冻结不需要的层，可以大大加快系统重新生成图形的速度。

锁定与解锁图层：锁定并不影响图形的显示和打印，但用户不能对其进行修改和编辑操作。如果锁定层是当前层，用户可在该层上作图，可以在锁定层上使用查询命令和目标捕捉功能。

图层属性——颜色：单击该层颜色特性小方块，从弹出的“选择颜色”对话框中选取合适的颜色。

线型：单击该层线型名，可以弹出“选择线型”对话框中选取合适的线型。若没有所需的线型，单击“加载”按钮，从弹出的“线型加载或重载”对话框中选择合适的线型加载。

线宽：可以调出“线宽”对话框，设置层的线宽。

打印：指是否在出图时进行打印，默认为打印。

2.“对象特性”工具栏

“对象特性”工具栏位于绘图区的上方，形式如图 6-2 所示。该工具栏非常重要，可用工具栏上的按钮和列表框快速地查看或改变对象的图层、颜色和线型。在没有命令激活时选择任意一个对象，该对象的图层、颜色和线型都将在工具栏中动态显示出来。

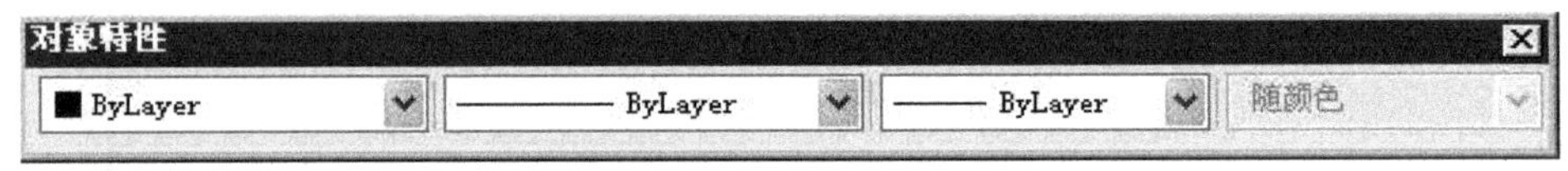

图 6-2 “对象特性”工具栏

6.3 图层的使用

1. 图层的使用方式

任何图形对象都是绘制在图层上的。该图层可能是默认图层，或者是自己创建和命名的图层。每个图层都有与其相关联的颜色、线型、线宽和打印样式，可以用图层将图形中的对象分组，同时用不同的颜色和线宽识别不同对象。

例如，可以创建一个用于绘制中心线的图层，并为该图层指定中心线需具备的特性（如颜色、线型和线宽）。在绘制中心线时切换到中心线图层开始绘图，而无须在每次绘制中心线时去设置线型、线宽和颜色。

还可以为图层指定打印样式来控制图层的打印。例如，通过为图层指定打印样式，可以使图形中的中心线都以 50%的颜色深度打印出来。图层的应用是 AutoCAD 代替纸和笔创建图形的主要优点之一。

2. 创建新图层

操作步骤

（1）从“格式”菜单中选择“图层”；

（2）在“图层特性管理器”中单击“新建”按钮。新图层将以临时名称“图层 1”显示在列表中，输入“点画线”；

（3）单击与点画线层相关联的线型名，弹出一个“选择线型”对话框；

（4）单击“加载”按钮，弹出一个“加载或重载线型”对话框，从线型列表中选择 Center，单击“确定”按钮；

（5）单击列表中的“颜色”图标，弹出一个“选择颜色”对话框，从中选择红色，单击“确定”按钮。

（6）单击线宽“默认”图标，选择 0.35 毫米。

（7）单击“确定”按钮，弹出一个如图 6-3 所示的对话框。

图 6-3　“图层特性管理器”对话框

第7章 基本绘图命令

为了方便用户访问常用的命令、设置和模式，AutoCAD 2006 提供了工具栏。在默认状态下显示“标准”工具栏、“图层”工具栏，“对象特性”工具栏、“绘图”工具栏和“修改”工具栏。

在工具栏（例如，“标准”或“绘图”工具栏）的背景地方单击右键，从快捷菜单中，选择要显示或关闭的工具栏。

7.1 AutoCAD 2006 绘图命令执行途径

1. 绘图下拉菜单

单击下拉菜单中的绘图菜单项，即可显示出绘图下拉菜单，将光标移到绘图菜单的某一命令上，状态行内便显示出该命令的功能。用鼠标单击某一命令，即可执行该命令。

2. 绘图工具栏

绘图工具栏的默认项在绘图窗口的左侧，该工具栏上有 19 个按钮，利用这些按钮可执行主要的绘图命令。用户若要知道某个按钮的功能，可将光标移到按钮上，会立即显示出该按钮的功能提示。

将光标移到工具栏四周的空白处，按下鼠标左键并拖动，即可移动工具栏。用户可以拖动工具栏，把它放在自己喜欢的位置上，以便于操作。

3. 通过命令行直接输入命令

当进行完一次操作后，如果发现操作失误，则可在命令行中输入“U”回车，或单击工具栏中的“放弃”按钮。

通常可以使用 AutoCAD 2006 所提供的绘图工具栏进行图形的基本绘制，绘图工具栏项目如图 7-1 所示：

图 7-1　绘图工具栏

7.2　绘图命令

1. 直线

命令：LINE

功能：绘制二维或三维直线段。

操作：单击相应的菜单项或工具条按钮或输入“LINE”命令后回车，根据提示输入起点及下一点，即可画出连接这两点的直线。

2. 参照线

命令：XLINE

功能：绘制双向无限延长的直线。在工程制图中，应遵循“长对正，高平齐，宽相等”等投影规律。当绘制的图形比较大或比较复杂时，利用目测很难实现这样的要求，这时就可以绘一些参照线作为辅助线，利用这些参照线可以方便地绘制出所需要的图形。

操作：单击相应的菜单项或工具条按钮或输入“XLINE”命令后回车，命令行出现提示：指定点[水平（H）/垂直（V）/角度（A）/二等分（B）/偏移（O）]

根据提示输入相应的坐标即可绘出参照线。

练一练

示例：绘制三视图，如图7-2所示。

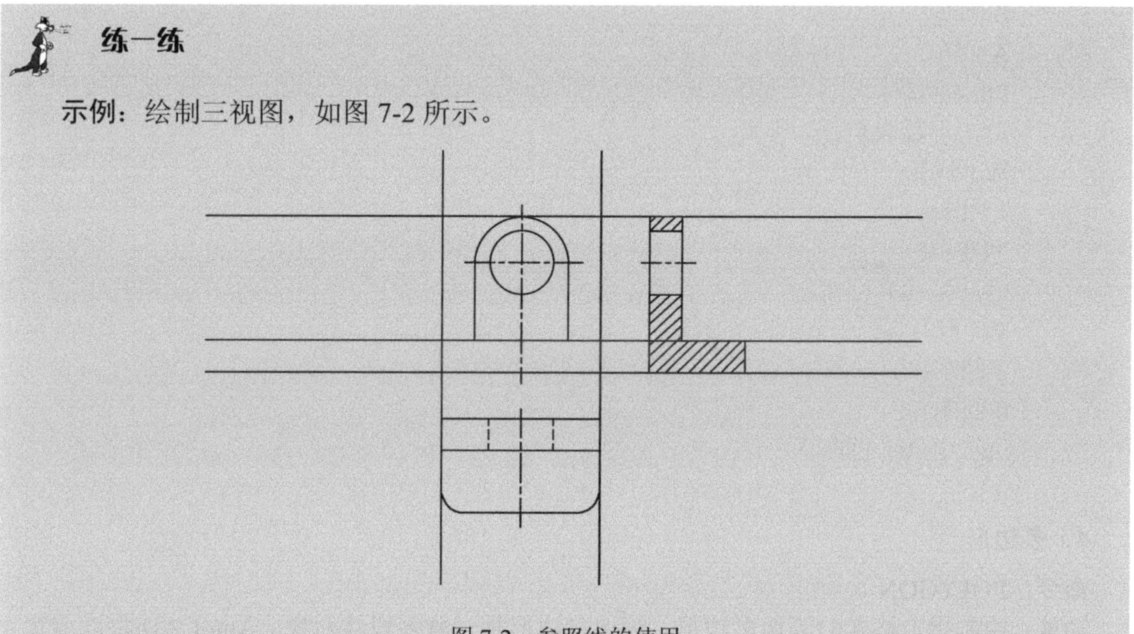

图7-2　参照线的使用

此图中显示出利用参照线辅助绘图的方法，其中贯穿整个图形区域的三条水平线和两条铅垂线即是参照线。在绘图时，通常将参照线单独放在一个图层上，图形绘制完成后，可将此层关闭。

3. 多段线

命令：PLINE

功能：绘制多段线，多段线可以由等宽或不等宽的直线以及圆弧组成。AutoCAD把多段线看成是一个单独的对象，用户可以用编辑多段线命令 PEDIT 对多段线进行编辑操作。

操作：单击相应的菜单项或工具条按钮或输入“PLINE”命令后回车，命令行出现提示：

指定起点:

当前线宽为:

指定下一点或[圆弧（A）/闭合（C）/半宽（H）/长度（L）/放弃（U）/宽度（W）]:

在绘制时可以利用鼠标右键方便地进行选择。

练一练

示例：绘制图 7-3 所示的箭头（在向视图和剖视图中常用箭头来表示投影方向）。

图 7-3　箭头

步骤：在命令行输入“Limits”回车；

（0，0）回车；

（210，297）回车；

Z 回车；

A 回车；

Pline 回车；

单击屏幕取点；

W 回车；

1 回车；

回车；

（@60，0）回车；

W 回车；

3 回车；

0 回车；

（@20，0）回车。

4．多边形

命令：POLYGON

功能：绘制指定格式的等边多边形。等边多边形是一种多段线对象。AutoCAD 将以零宽度绘制多段线，并且没有切线信息。可以使用 PEDIT 来修改这些值。

操作：单击相应的菜单项或工具条按钮或输入“POLYGON”命令后回车，可根据提示进行等边多边形的绘制。可以根据提示输入多边形的边数（3~1 024 之间的数值）以及按中心点方式（默认）或是多边形上一条边的两个端点的方式（输入“E”）来绘制多边形。

5．矩形

命令：RECTANG 或 RECTANGLE

功能：绘矩形。

操作：单击相应的菜单项或工具条按钮或输入“RECTANG”或“RECTANGLE”命令后回车，可根据提示输入两对角点后即可得到一矩形；另外还可以绘带圆角（输入 F 项及圆角角度）的矩形等。

6. 圆弧

命令：ARC
功能：绘制给定参数的圆弧。
操作：圆弧的绘制可分为以下绘制方式：
[三点]
[起点、圆心、端点]；
[起点、圆心、角度]；
[起点、圆心、长度]；
[起点、端点、角度]；
[起点、端点、方向]；
[起点、端点、半径]；
[圆心、起点、端点]；
[圆心、起点、角度]；
[圆心、起点、长度]。
单击相应的菜单项或工具条按钮或输入“ARC”命令后回车，根据提示即可绘制完成。

7. 圆

命令：CIRCLE
功能：在指定位置绘圆。
操作：单击相应的菜单项或工具条按钮或输入“CIRCLE”命令后回车，可根据提示进行绘圆，绘圆有以下几种选项：
根据圆心与圆的半径绘圆；
根据圆心与圆的直径绘圆；
根据两点绘圆；
根据三点绘圆；
绘与两个对象相切的圆。

8. 样条曲线

命令：SPLINE
功能：绘样条曲线，样条曲线是可以由多个控制点调节的曲线。
操作：单击相应的菜单项或工具条按钮或输入“SPLINE”命令后回车，出现以下提示：
指定第一点或 [对象（O）]：
其中对象（O）是指将用样条曲线拟合的多段线转换为样条曲线。

9. 椭圆

命令：ELLIPSE
功能：绘制椭圆或椭圆弧。
操作：单击相应的菜单项或工具条按钮或输入“ELLIPSE”命令后，可根据提示进行椭

圆的绘制：

根据椭圆某一轴上的两个端点的位置以及另一轴的半长绘椭圆；

根据椭圆一根轴上的两个端点的位置以及一转角绘圆弧；

根据椭圆的中心坐标，一根轴的一个端点的位置以及另一轴的半长绘椭圆；

根据椭圆的中心坐标，一根轴上的一个端点位置以及一转角绘椭圆；

绘制椭圆弧（可利用菜单中的相应项绘制）。

10. 点

命令：POINT

功能：在指定位置绘点。

操作：单击相应的菜单项或工具条按钮或输入“POINT”命令后回车，可根据提示进行绘点，并可以设置点的显示形式及大小。利用菜单可以按以下几种方式绘点：

绘单点；

绘多点；

绘定数等分点；

绘定距等分点。

11. 图案填充

命令：BHATCH

功能：将某种图案填充到指定区域。在进行图案填充时要注意一点，就是作为边界的对象在当前屏幕上必须全部可见且是封闭的线框，否则会产生错误。

操作：单击相应的菜单项或工具条按钮或输入“BHATCH”命令后回车，出现对话框，回答后即完成填充。

练一练

示例：在如图 7-4 所示图形中填充剖面线。

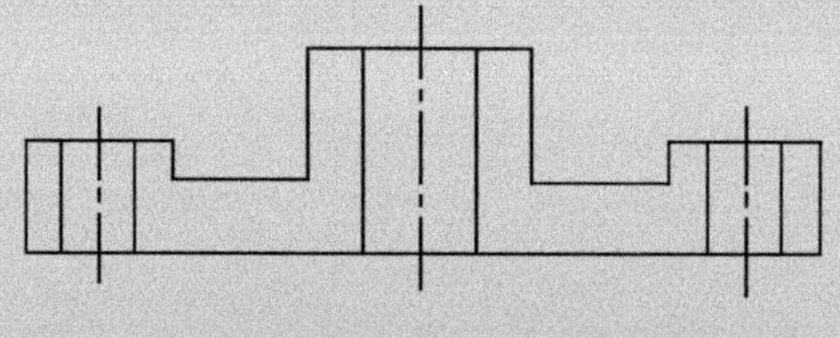

图 7-4 原图

先将图形绘制完成；

单击图形填充按钮；

弹出图形填充对话框，单击图案下拉按钮，选取 ANSI31 图案，比例选择 2；

单击拾取点按钮；

在图形内点取需填充的区域；

回车；

回到对话框后，单击“确定”按钮，完成填充，如图 7-5 所示。

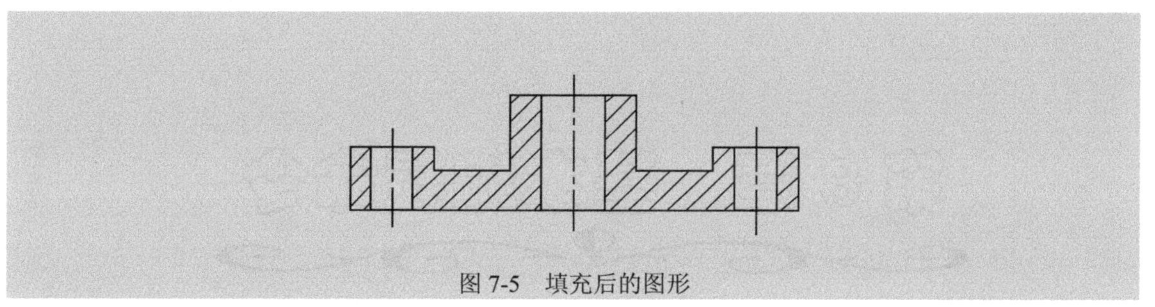

图 7-5　填充后的图形

第8章　基本编辑命令

AutoCAD 2006 编辑命令执行途径和绘图命令执行途径相类似，在此就不再叙述。

编辑对象有两种方式：第一，先输入命令，再选择对象进行操作（大部分都采用这种操作方式）；第二，先选择对象，后执行有关编辑命令，此种方式是夹点编辑。

8.1　构造选择集

输入编辑命令后出现的提示为："选择对象"。这时系统要求用户从屏幕上选择要进行编辑的对象，即构造选择集，此时十字光标变成了一个小方框（即拾取框），利用拾取框可以选择要编辑的对象，选中的对象醒目显示（变为虚线），表示已加入选择集。

AutoCAD 提供了多种选择对象的方法，常用的有四种，分别介绍如下：

1. 单点选择

点选是默认的选择方式，它是将拾取框直接放到对象上，单击鼠标左键。选中一个对象后，命令行仍提示"选择对象"，用户可以接着选。选完后按回车键可结束对象的选择。

2. W（Window）窗口方式

选择全部位于矩形窗口内的所有对象。窗口生成方式：单击鼠标左键从左向右拖动后再单击左键，如图 8-1 所示。

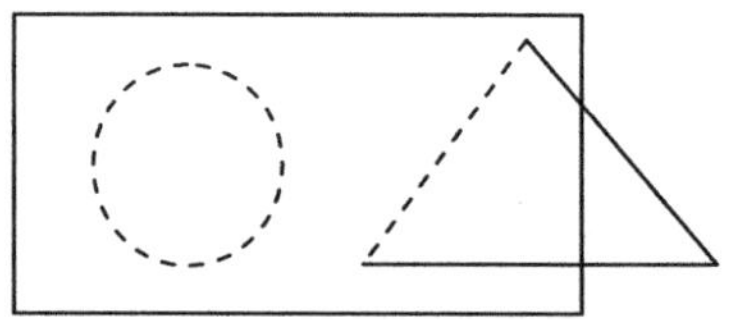

图 8-1　窗口方式

3. C（Crossing）窗交方式

除选择全部位于矩形窗口内的所有对象外，还包括与窗口四条边界相交的所有对象。窗口生成方式：单击鼠标左键从右向左拖动后再单击左键，如图 8-2 所示。

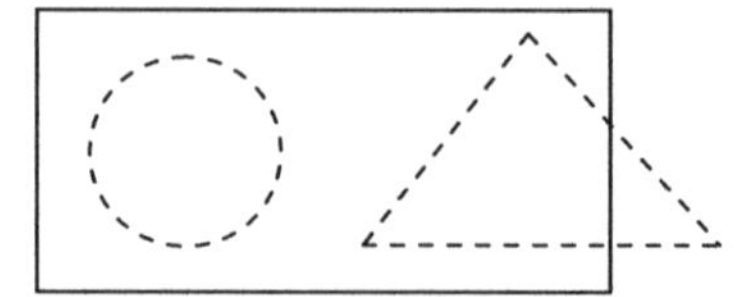

图 8-2　窗交方式

4．全部方式（All）

在“选择对象”提示下输入“All”并回车，则全部对象均被选中。

8.2　编辑命令

通常可以使用 AutoCAD 2006 所提供的修改工具栏进行绘制图形的修改，修改工具栏项目如图 8-3 所示：

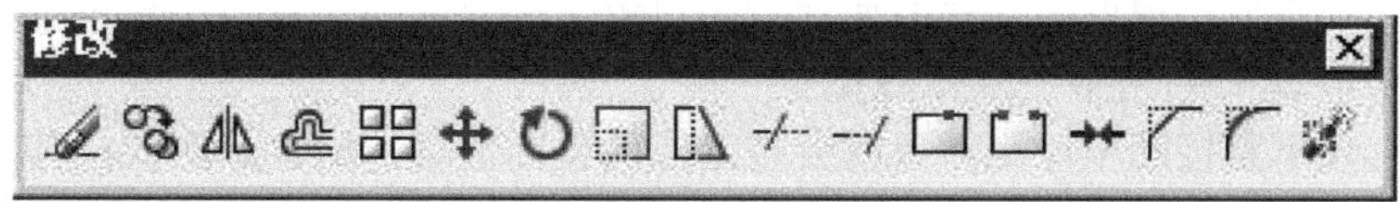

图 8-3　修改工具栏

1．删除对象

命令：ERASE
功能：删除指定的对象。
操作：输入命令后选取要删除的对象即可，若恢复删除，可用 OOPS 命令。

2．复制对象

命令：COPY
功能：将指定对象复制到指定的位置。
操作：输入命令后根据提示选择，确定后，命令行出现如下提示：
指定基点或位移，或者 [重复（M）]:
重复选项指要对所选对象进行多次复制，执行此选项，根据提示选择基点和位移第二点即可。

3．镜像对象

命令：MIRROR
功能：将指定的对象按给定的镜像线做反像复制，即镜像。
操作：输入命令后，根据提示选取要复制的对象，回车后，命令行出现如下提示：
镜像线第一点，指定第二点，清除旧对象？<N>。依次回答即可。

4．偏移对象

命令：OFFSET
功能：偏移对象是在指定的距离内，创建一个与选择对象相似的新对象。可以偏移直线、圆弧、圆、二维多段线、椭圆、参照线、平面样条曲线。
操作：输入命令后，命令行出现如下提示：
指定偏移距离或 [通过（T）] <1.0000>，输入距离后，选择要偏移的对象，在图形内任意一点单击，以选择向内偏移，回车结束命令。

5．阵列对象

命令：ARRAY

功能：按环形或矩形阵列形式复制对象或选择集。对于环形阵列，可以控制复制对象的数目和是否旋转对象；对于矩形阵列，可以控制行和列的数目以及它们之间的距离。

操作：输入命令后，根据提示选取要阵列的对象，回车后，命令行出现如下提示：输入阵列类型 [矩形（R）/环形（P）] <R>，选择阵列形式，然后依次回答命令行提示内容即可。

6．移动对象

命令：MOVE

功能：将指定的对象移动到指定的位置。

操作：输入命令后，根据提示选取要移动的对象，选取移动基点后，命令行出现如下提示：指定位移的第二点或[用第一点位移]：

如果在此选项下直接回车，则对象就会按基点的坐标值进行位移。例如，基点的坐标为（10，15），则对象会在 X 方向移动 10 个单位，在 Y 方向移动 15 个单位，从而移动到一个新位置。

7．旋转对象

命令：ROTATE

功能：将所选对象绕指定点（称为旋转基点）旋转指定的角度。

操作：输入命令后，根据提示选取要旋转的对象及输入旋转基点，再根据提示输入旋转角度。

8．修剪对象

命令：TRIM

功能：用指定的边界（由一个或多个对象定义的剪切边）修剪指定的对象。可以修剪的对象包括圆弧、圆、椭圆弧、直线、开放的二维和三维多段线、射线、样条曲线。

操作：使用一种对象选择性方式并按回车键结束对象选择，选择要修剪的对象或［投影（P）/边（E）/放弃（U）]：选择一个对象、输入一个选项或按 Enter 键。

当 AutoCAD 提示选择剪切边时，按 Enter 键，然后即可选择待修剪的对象。AutoCAD 修剪对象将使用最靠近的候选对象作为剪切边。

练一练

示例：**修剪练习**，如下图所示。

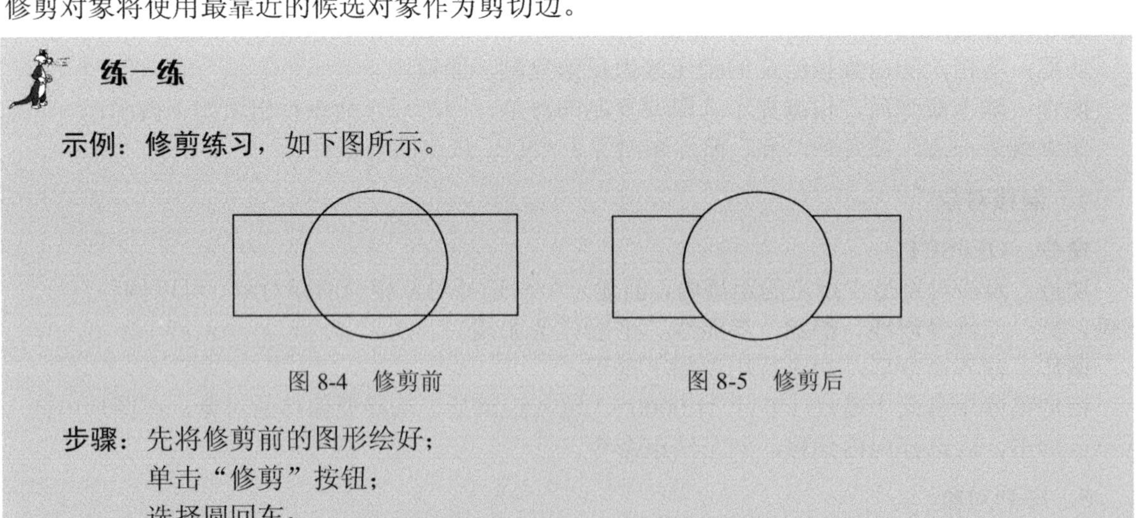

图 8-4　修剪前　　图 8-5　修剪后

步骤：先将修剪前的图形绘好；

单击“修剪”按钮；

选择圆回车；

再选择圆内的直线回车；再回车。

9. 延伸对象

命令：EXTEND

功能：将对象延伸到由其他对象定义的边界（或隐含边界）。

操作：输入命令后，选择边界对象，回车后，选择将要延伸的对象，回车结束命令。对象可以延伸到隐含边界，但在选择要延伸的对象前，先执行“边（E）”选项，设置为“延伸”。

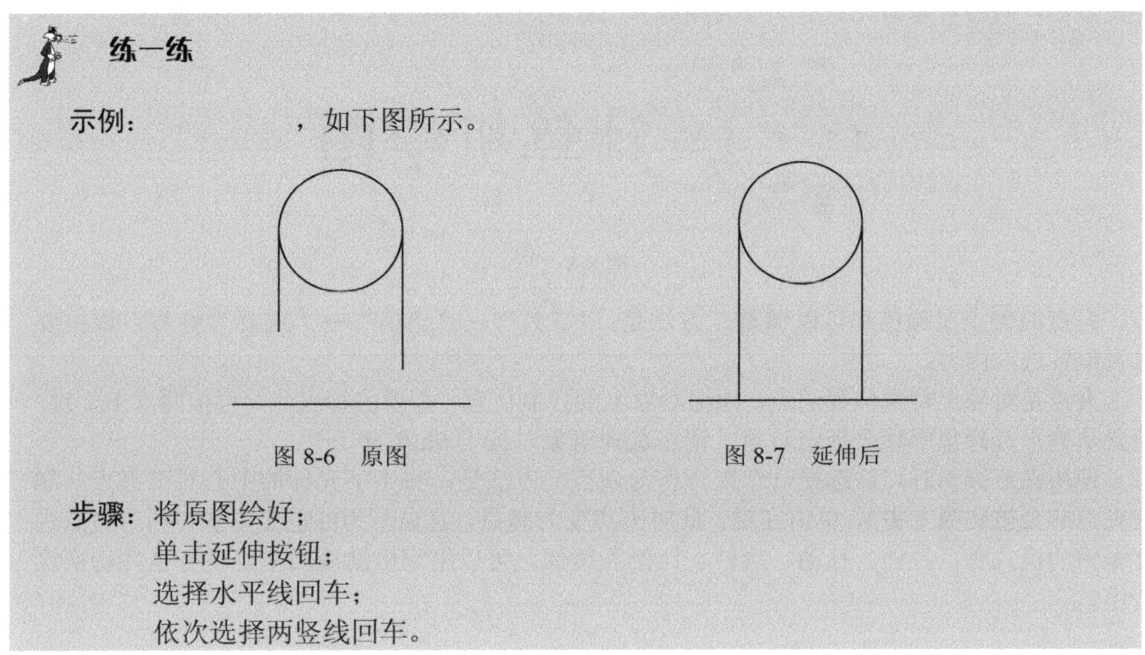

练一练

示例：　　　　　，如下图所示。

图 8-6　原图　　　　图 8-7　延伸后

步骤：将原图绘好；
单击延伸按钮；
选择水平线回车；
依次选择两竖线回车。

10. 倒角

命令：CHAMFER

功能：倒角是使两个非平行的直线类对象相交或利用斜线连接。可以倒角直线、多段线、参照线。

操作：输入命令后，命令行出现如下提示：

选择第一条直线或 [多段线(P)/距离(D)/角度(A)/修剪(T)/方法(M)]，输入距离 D，确定倒角距离，回车重新进入命令状态，选择第一条和第二条倒角边。这样即可显示出倒角的结果。

11. 倒圆

命令：FILLET

功能：倒圆角即通过一个指定半径的圆弧来光滑地连接两个对象。对于直线在相互平行时也可倒圆角，圆角半径由 AutoCAD 自动计算。

操作：输入命令后，命令行出现如下提示：

选择第一个对象或 [多段线(P)/半径(R)/修剪(T)]，输入 R，确定半径值，回车重新进入命令状态，选择第一条倒圆角边，第二条倒圆角边。这样即可显示出倒圆角的结果。

8.3 夹点编辑

利用夹点编辑对象也是一种非常方便和快捷的方法，用户可单击欲编辑的对象，或按住鼠标左键拖出一个矩形框，框住欲编辑的对象，松开后，所选择的对象上就出现若干个蓝色小正方形，同时对象高亮显示（变为虚线）。这些小正方形称为夹点，如图 8-8 所示。

图 8-8

夹点的大小及颜色都可以调整，方法是："工具" → "选项" → "选择"标签，根据要求调整各选项内容。

夹点是对象上特殊位置的点，标记对象上的控制位置，若要去掉夹点，可按两次 Esc 键，若要从夹点选择集中移去指定对象，请在选择对象时按下 Shift 键。

使用夹点编辑时，需选择一个夹点作为基点，方法是：将十字光标的中心对准夹点（靠近夹点时会被磁吸上去），单击左键，此时夹点变为基点，且显示为红色小方块。利用夹点进行编辑的模式有：拉伸、移动、旋转、比例和镜像。可以用空格键或回车键进行循环切换这些模式。

第 9 章　文字输入与尺寸标注

9.1　文字输入

在工程图样中的文字表达了重要的信息，如标题栏、技术要求等都使用文字，文字还可以标记图形中的各个部分名称、提供说明或进行注释。

AutoCAD 提供了多种创建文字的方法。对简短的输入项使用单行文字，对带有内部格式的较长的输入项使用多行文字。虽然所有输入的文字都使用当前文字样式建立默认字体和格式设置，但也可自定义文字外观。

1. 建立文字样式

在图形中输入文字时，首先要确定采用的字体文件、字符的高度及放置方式等，这些参数的组合称为样式。当一个样式的参数发生变化时，所有使用该样式的文字都要更新。

执行文字样式命令的途径有两种：

- 命令行：STYLE
- 单击“格式”菜单/“文字样式”选项

命令执行后，出现如图 9-1 所示的“文字样式”对话框。

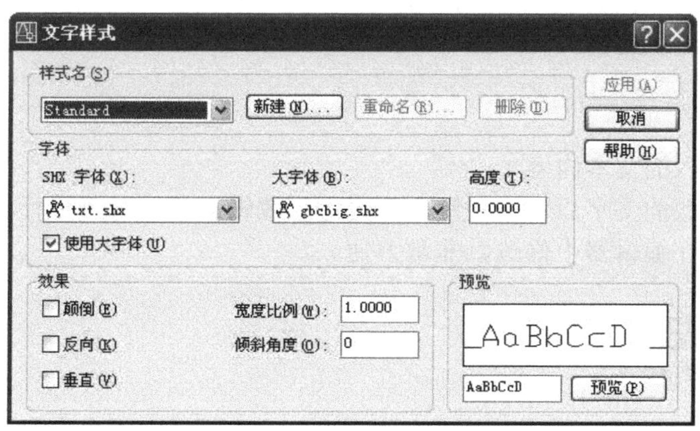

图 9-1　“文字样式”对话框

（1）样式名：用户可以建立自己的文字样式，并将其置为当前样式。

（2）字体：指定所使用的字体，根据国标在定义文字样式时，可以使用“大字号”加“西文字体”的方式确定字体。

（3）效果：确定字体的特征。可在预览中看到各参数变化后的结果。

2. 文本输入

（1）注写单行文本。

命令：TEXT

功能：在屏幕上标注文本。

操作：输入命令后，根据提示进行当前文字样式、高度、文字起点的选择，并输入文字。

（2）注写多行文本。

命令：MTEXT

功能：创建段落文字。

操作：输入命令后，根据提示输入两个角点以确定文本放置区域后，出现“多行文字格式”的对话框，如图 9-2 所示，输入文字并设定。

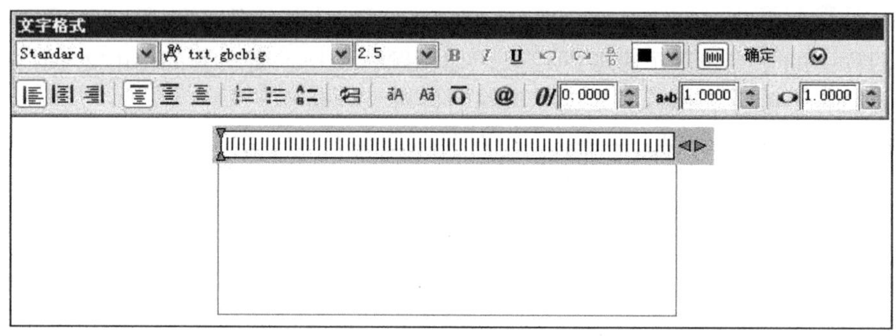

图 9-2 “文字格式”对话框

（3）控制码与特殊字符。在文字编辑器窗口中输入以下控制码可在多行文字编辑器中编辑某些特殊字符。

①%%D　　标注“度”（°）符号。

②%%P　　标注“正负”（±）符号。

③%%C　　标注“直径”（ϕ）符号。

（4）编辑文字。

命令：DDEDIT

功能：修改已输入的文本内容。

操作：选中要修改的文字后双击左键，即可进行编辑修改，对于多行文字，会弹出“文字格式”对话框，可在编辑器中修改，非常方便。

9.2 尺寸标注

AutoCAD 提供许多标注对象及设置标注格式的方法，可以在各个方向上为各类对象创建标注，也可以方便快捷地以一定格式创建符合行业或项目标准的标注。

尽管标注在类型和外观上多种多样，但绝大多数标注都包含标注文字、尺寸线、尺寸界线和箭头。

1. 尺寸标注样式

尺寸标注在零件图中占有较大的比重。在尺寸标注中，尺寸标注样式控制尺寸线、标注样式、尺寸界线、箭头的外观和方式。它是一组标注变量的集合，可以用对话框的方式直观地进行设置。在 AutoCAD 2006 中提供了 ISO 等系列的标注样式。为了符合我国的制图标准，必须对其进行修改。

执行标注样式命令的途径有三种：

- “标注”工具栏/“标注样式”按钮
- “格式”菜单/“标注样式”选项或“标注”菜单/“样式”选项
- 命令：DDIM

下面新建一个标注样式“机械图样”，用于机械图样的标注，以此来说明标注样式中各项内容的设定方法。

操作步骤

（1）单击“标注”工具栏上的“标注样式”图标，弹出“标注样式管理器”对话框，如图 9-3 所示。

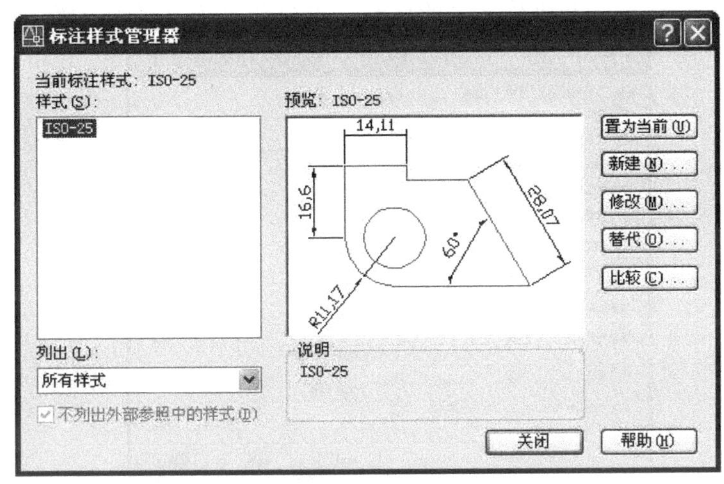

图 9-3　“标注样式管理器”对话框

（2）单击“新建”按钮，在“创建新标注样式”对话框中输入新样式名“机械图样”，如图 9-4 所示。

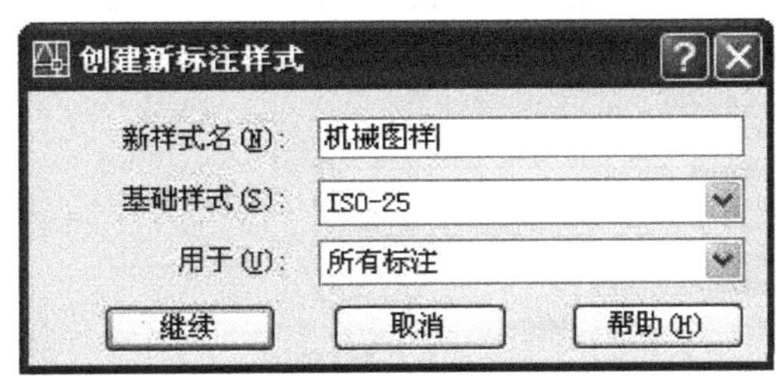

图 9-4　“创建新标注样式”对话框

（3）单击“继续”按钮，弹出“新建标注样式”对话框，在“直线” 和“符号和箭头”标签中进行相应的设置，如图 9-5 所示。

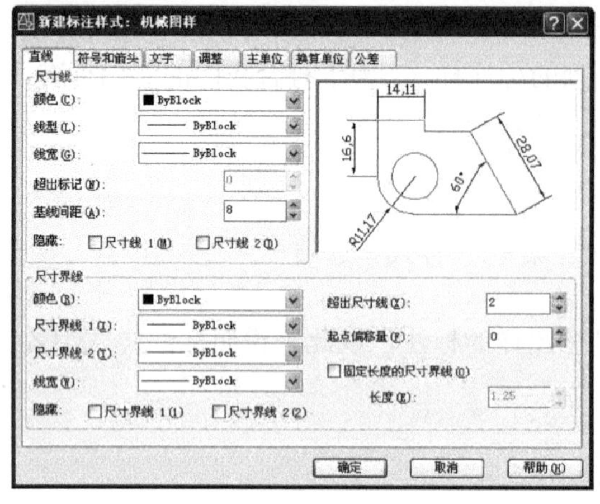

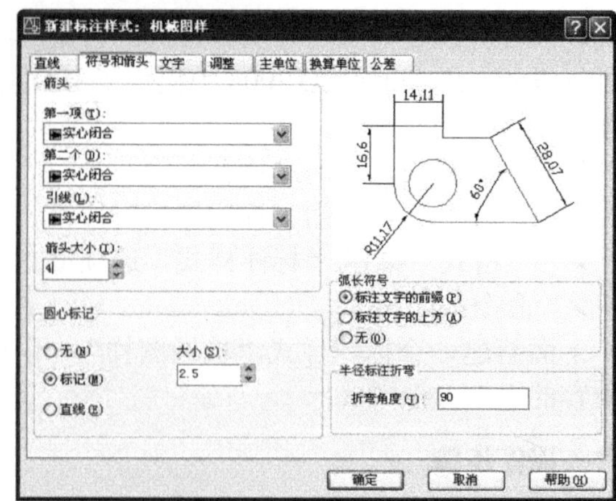

图 9-5　新建标注样式（一）

（4）选择“文字”标签，并进行文字的样式、大小及对齐方式等设置，如图 9-6 所示。

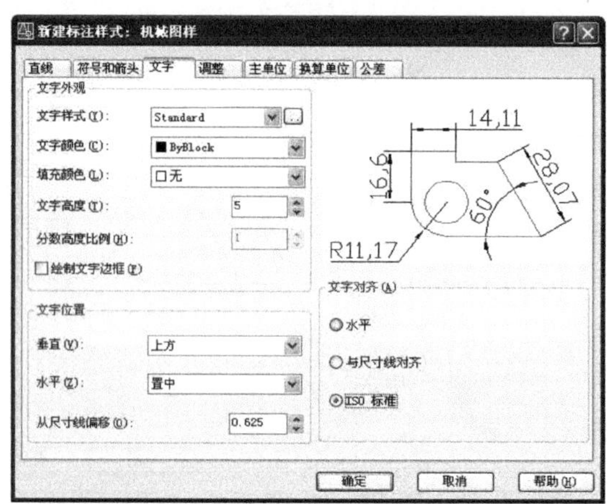

图 9-6　新建标注样式（二）

（5）在“调整”标签中，进行文字、箭头及标注比例的设置，如图 9-7 所示。

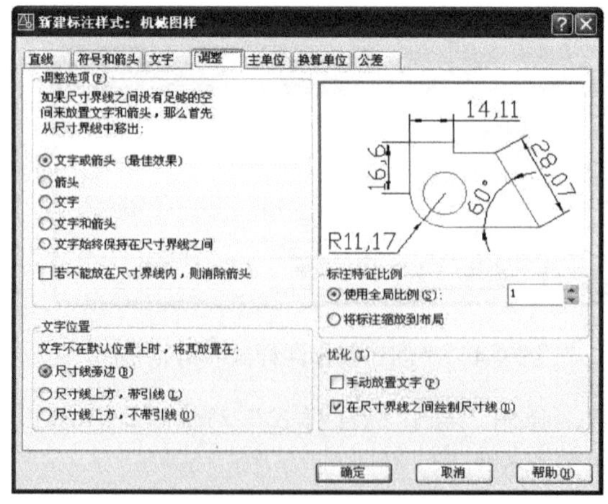

图 9-7　新建标注样式（三）

（6）在“主单位”标签中，可以进行单位的格式、精度、测量单位的比例因子及其他一些有关单位的设置，一般对于线性标注和角度标注还要进行“后续消零”设置，对于标注的“前缀”和“后缀”在统一的标注样式中一般不进行设置，而是通过标注特性对单个标注进行设置，如图 9-8 所示。

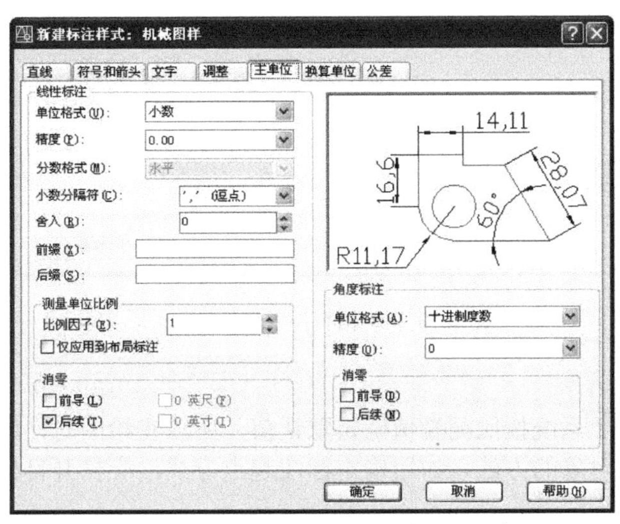

图 9-8　新建标注样式（四）

（7）在“公差”标签中，可选择公差的标注格式，如图 9-9 所示。（一般我们在统一的标注样式中，将公差的方式都设置为“无”，对于带公差的尺寸标注，可以通过标注特性对话框和其他方式进行标注。）

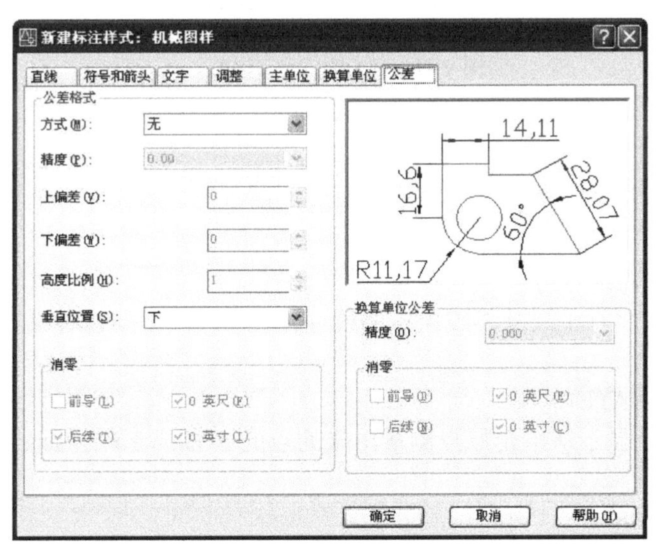

图 9-9　新建标注样式（五）

（8）完成标注样式设置后，应将“机械图样”置为当前标注样式，这样标注样式的改动才能有效。另外，对于角度标注，由于国家标准中对角度标注的文字方向有单独的规定，因此，对于角度标注，其文字对齐方式应始终设为“水平”，如图 9-10 所示。

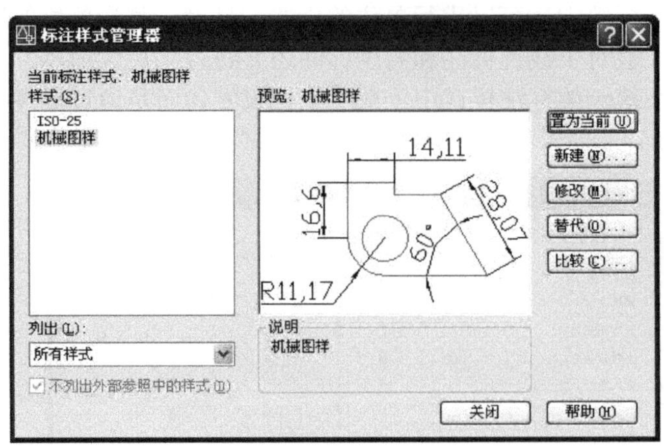

图 9-10　新建标注样式（六）

2．尺寸标注命令

在标注尺寸时，由于系统按照测量值确定默认值，所以在绘图时，应该做到精确绘图。标注时尽量按选择标注对象的方法，如用确定标注起点方式，应打开目标捕捉方式，实现精确定位。

AutoCAD 2006 提供了 11 种标注形式用以测量设计对象。开始进行标注时，可以用“标注”菜单或工具栏，或者在命令行中输入标注命令。要显示“标注”工具栏，用鼠标右键单击“标准”工具栏，然后选择“标注”。就会出现如图 9-11 所示的“标注”工具栏。

图 9-11　“标注”工具栏

（1）线性标注

命令：DIMLINEAR

功能：测量两点间的直线距离。该标注包含的选项可以创建水平、垂直或旋转线性标注。

（2）对齐标注

命令：DIMALIGNED

功能：创建尺寸线平行于尺寸界线原点的线性标注。该标注创建对象的真实长度测量值。

（3）坐标标注

命令：DIMORDINATE

功能：创建标注，显示从给定原点测量出来的点的 *X* 轴或 *Y* 轴坐标。

（4）半径标注

命令：DIMRADIUS

功能：测量圆或圆弧的半径。

（5）直径标注

命令：DIMDIAMETER

功能：测量圆或圆弧的直径。

（6）角度标注

命令：DIMANGULAR

功能：测量角度。

（7）基线标注

命令：DIMBASELINE

功能：创建一系列线性、角度或坐标标注，都从相同原点测量尺寸。

（8）连续标注

命令：DIMCONTINUE

功能：创建一系列连续的线性、对齐、角度或坐标标注。每个标注都从前一个或最后一个选定的标注的第二个尺寸界线处创建，共享公共的尺寸线。

（9）引线标注

命令：QLEADER

功能：从被注释的对象特征开始，用一组相连的直线段或样条曲线连接标注文字或形位公差，并可在起始处绘出箭头。

（10）形位公差标注

命令：TOLERANCE

功能：创建形位公差标注。

如图 9-12 所示是几种常见的尺寸标注类型。

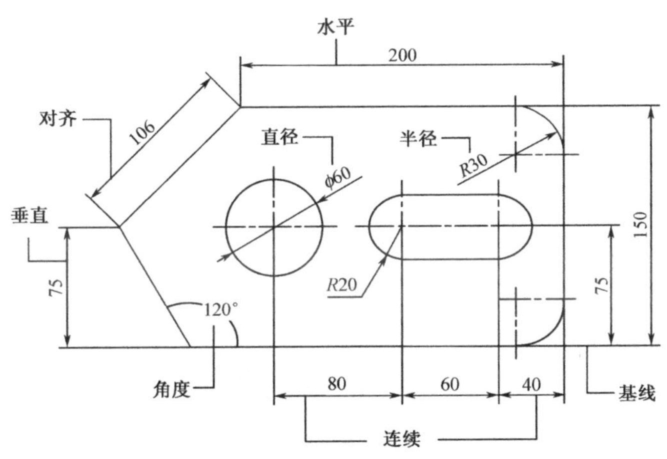

图 9-12　尺寸标注示例

3. 尺寸公差的标注

AutoCAD 2006 增强了标注尺寸公差的功能，通过标注特性的设置和文本编辑器可以标注符合国家标准的公差。尺寸公差比较好的标注方法是选中公称尺寸，在对象特性对话框中添加公差值，此时特别强调的是不要在基本的标注样式中设置公差。

（1）采用公差代号标注。执行线性标注命令后，捕捉两端点，再选择多行文字（M）选项后，弹出文字格式编辑器输入文字，在数字前加特殊字符%%C，后面添加代号 f6，单击“确定”按钮。也可以先标注公称尺寸，“修改”菜单/“对象”/“文字”/“编辑”选项进行编辑，来添加直径符号和公差代号，如图 9-13 所示。

（2）采用配合代号标注。执行线性标注命令后，捕捉两端点，再选择多行文字（M）选项后，弹出文字格式编辑器输入文字，在数字前加特殊字符%%C，后面添加代号 H7/f6，然后选择 H7/f6 并点取堆叠按钮，也可以先标注公称尺寸，然后用“修改”菜单/“对象”/“文字”/“编辑”选项来进行编辑，如图 9-14 所示。

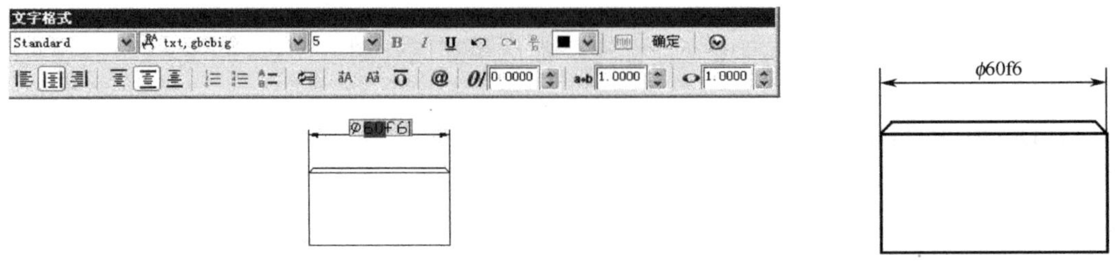

图 9-13　尺寸标注（一）

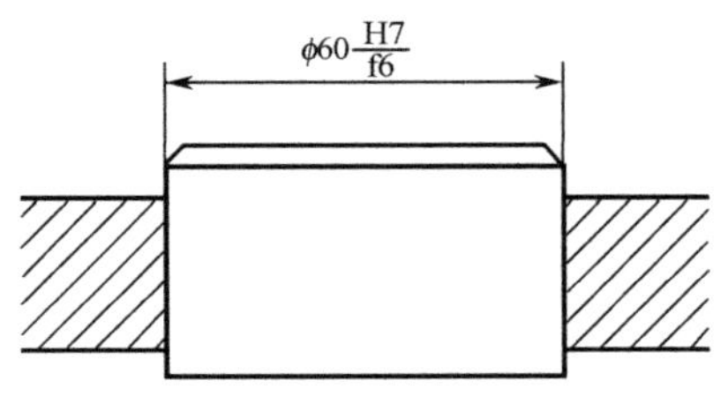

图 9-14　尺寸标注（二）

（3）采用极限偏差标注。选择所标注的公称尺寸，然后单击“修改”菜单/ “特性”选项，弹出特性对话框，在特性对话框中添加极限偏差，公差对齐方式设置为下对齐，偏差字高系数为 0.7，上偏差为 0.03，下偏差为 0。直径符号的标注同上，如图 9-15 所示。

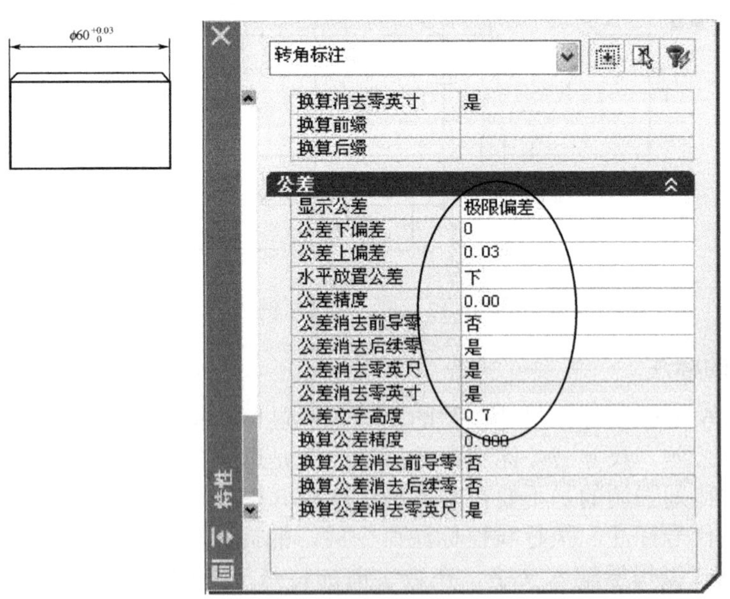

图 9-15　尺寸标注（三）

第 10 章　视图显示控制与绘图辅助功能

10.1　视图显示控制

视图缩放与平移是控制图形显示的主要方法。

1．视图缩放

用户在绘图时，需要通过视窗来观察图形，在对图形操作时，有时要观察图形的某一个细节部分，有时又需要观察图形的整体效果，这时就需要对视窗进行缩放来改变显示在屏幕上的图形大小。但是，缩放视图的命令并没有改变图形的尺寸，只是改变观察点的高度。这就好像将图纸放得远些容易看清楚整张图，而将图纸拿近些则可以看清图纸上的细节一样。

缩放视窗是通过“ZOOM”命令来实现的，执行命令的途径有五种：

- “标准”工具栏/“实时缩放”或“窗口缩放”按钮
- “视图”菜单/“缩放”选项
- 命令：ZOOM
- 在绘图区单击右键，选择“缩放”选项
- 使用“缩放”工具栏

执行“ZOOM”命令，在命令行中会出现以下的提示：

[全部（A）/中心点（C）/动态（D）/范围（E）/上一个（P）/比例（S）/窗口（W）]<实时>:

命令行中各选项的含义如下：

（1）实时。实时缩放，该选项为默认，回车即执行。实时缩放使用非常多，但通常不从命令行或下拉菜单执行，而是从“标准”工具栏中单击“实时缩放”按钮。执行该选项时，图标会变为放大镜的形状，按住鼠标左键并移动，图形便会放大或缩小，松开鼠标，缩放便会停止，回车或按 ESC 键可退出实时缩放模式。

（2）全部（A）。将图形全部显示在屏幕上，无论对象是否超出用 Limits 命令设定的绘图界限，该选项常用。

（3）中心点（C）。在图形中指定新的显示中心、缩放比例或高度显示图形。

（4）动态（D）。执行该选项后，可以使用动态缩放改变视图而无须重新生成图形，在一个视图框中显示代表当前窗口的部分图形，通过移动和改变图框的大小即可实现移动或缩放图形。

操作步骤

① 在命令行中输入“Z”回车，再输入“D”回车，这时会出现可移动的视图框。当前视图框包含一个叉形，在屏幕上拖动视图框可以平移到不同的区域。

② 单击鼠标左键，则视图框中的叉形变成一个箭头。通过向左或向右拖动边框来改变视图框的大小，框大则图像小，反之框小则图像大，根据需要可以单击鼠标左键，以便在缩放和平移模式间切换。

③ 当视图框指定的区域符合要求时，单击鼠标右键或直接回车即可完成动态缩放，视图框所包围的图像就成为当前视图。

（5）范围（E）。执行该选项，系统将尽可能大地显示整个图形，与图形界限无关。

（6）上一个（P）。恢复上一次屏幕所显示的图形，该选项常用。执行该选项最快捷的方法是：单击“标准”工具栏中的“缩放前一个”按钮。

（7）比例（S）。使用该选项时，视图的中心位置不会发生变化，只会按照放大倍数改变视图的范围。执行该选项时命令行会显示以下的提示内容：输入比例因子（*n*X 或 *n*XP）：

在该提示下，可以使用三种方式来放大视图。

① 相对于图形界限：只输入一个数值，则会基于图形界限按该数值来缩放视图。

② 相对于当前视图：输入数值后加“X”，则会基于当前视图来缩放视图。

③ 相对于图纸空间：输入数值后加“XP”，则会基于图纸空间的大小来缩放视图。

（8）窗口（W）。窗口缩放可以通过指定一个区域的角点来快速地放大该区域，如果通过角点选择的区域与缩放窗口的宽高比不匹配，那么该区域会居中显示，缩放窗口的形状不必与适合图形区形状的新视图一致。

使用该选项可以在当前视图上单击鼠标左键，然后移动光标改变出现的矩形视图框的大小，确定视图的范围后再次单击左键，视图范围就会改变为矩形视图的范围。确定矩形窗口后，窗口内的区域放大到全屏幕，该选项也常用。

AutoCAD 2006 为了方便用户使用，在其“标准工具栏”上的“窗口缩放”按钮上添加了上述 8 种缩放功能，用鼠标单击“窗口缩放”按钮，并停留几秒钟，将会出现下拉工具栏。

2．平移视图

AutoCAD 提供的平移视图是另一个常用的视图命令，使用它可以将图形拖到当前的窗口中来。随着鼠标的移动，使图形的全部或某一部分显示在屏幕上。

执行平移命令的途径有四种：

- “标准工具栏”/“实时平移”按钮
- “视图”菜单/“平移”选项
- 命令：Pan
- 在绘图区单击鼠标右键

在执行命令后，光标会变为手形，按住鼠标左键可以将需要的图形拖到当前的窗口中来，松开鼠标，移动便会停止，应该注意的是被拖动的图形在坐标系统中的位置并没有改变。回车或按 Esc 键可退出实时平移模式。

10.2　绘图辅助功能

AutoCAD 2006 中的目标捕捉可以保证绘图者迅速、准确地做图，它让鼠标智能地捕捉到某些由目标的几何特性来定义的点。在绘图命令运行期间，可以用光标捕捉对象上的几何点，如端点（指线、圆弧、多段线的端点）、中点（指线、圆弧、多段线的中点）、中心点（指线、圆弧或椭圆的中心点）、交点（指两个实体的交点）等。

执行对象捕捉有两种方式：一是利用“草图设置”对话框设置自动对象捕捉；二是利用“对象捕捉”工具栏或“对象捕捉”快捷菜单，执行手动捕捉。

1．自动捕捉

单击“工具”菜单/“草图设置”命令，弹出一个“草图设置”对话框，如图 10-1 所示，利用该对话框可以设置对象捕捉模式，打开对话框中的一个或多个捕捉，单击“确定”按钮，即可执行相应的对象捕捉。

打开自动捕捉的方法是单击图纸区下方，状态条中的“对象捕捉”按钮，使其为按下状态，也可以使用 F3 功能键打开或者关闭“自动捕捉”功能，如图 10-1 所示对话框。

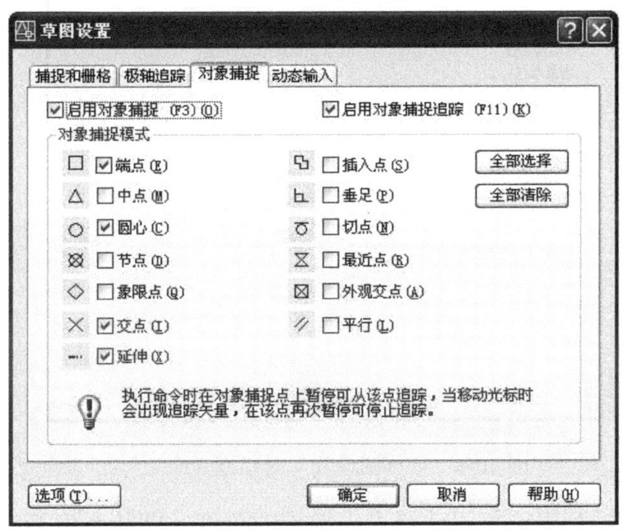

图 10-1　“草图设置”对话框（一）

2．手动捕捉

手动捕捉为用户可直接单击“对象捕捉”工具栏内的捕捉类型，再移动捕捉框去选目标。这种捕捉方式只影响当前要捕捉的点，操作一次后自动退出对象捕捉状态。

操作步骤

（1）启动需要指定点的命令（例如，LINE、CIRCLE、ARC、COPY 或 MOVE）。

（2）当命令提示指定点时，使用以下方法之一选择一种对象捕捉。

① 单击“标准”工具栏的“对象捕捉”弹出框中的一个工具栏按钮，或者单击“对象捕捉”工具栏中的一个按钮。“对象捕捉”工具栏如图 10-2 所示：

图 10-2　“对象捕捉”工具栏

② 按 Shift 键并在绘图区域中单击右键，再从快捷菜单中选择一种对象捕捉。

③ 在命令行中输入一种对象捕捉的缩写。

（3）将光标移动到捕捉位置上，然后单击定点设备（鼠标）。

3．极轴

单击状态行上的“极轴”按钮，使其为按下状态，或者使用“F10”键可将方向控制功能打开，用户使用它可以方便地捕捉到方向或者捕捉到特定的横坐标或者纵坐标的值。

在默认情况下，控制设置为 90°（正交）的角增量，也可以修改极轴角增量，在状态行中“极轴”按钮上单击鼠标右键，从弹出菜单中选择“设置”项，进行方向控制设置，如图 10-3 所示。

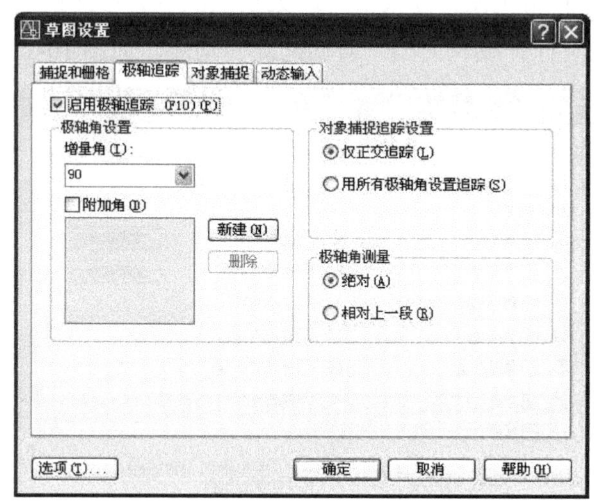

图 10-3　“草图设置”对话框（二）

（1）角增量：在下拉列表中可以选择方向捕捉的角度，即从 0 度开始，对整数倍增加量的角度方向进行捕捉。

选择“附加角”后，单击“新建”按钮可以增加一个额外的捕捉角度，例如，增加一个 20°，那么在 20° 方向上也能进行捕捉。

单击“删除”按钮可以把选中的额外捕捉角度删除。

（2）对象捕捉追踪设置：可以对自动方向控制功能进行设置。如果选中“仅正交追踪”单选按钮，则在自动轨道捕捉时仅仅对水平和竖直两个方向进行捕捉；如果选中“用所有极轴角设置追踪”单选按钮，那么将对在“极轴”捕捉功能中设置的所有角度进行捕捉。

（3）极轴角测量单位：绝对极轴角是以当前 UCS 的 *X* 和 *Y* 轴为基准进行计算的。相对极轴角是以命令活动期间创建的最后一条直线（或最后创建的两个点之间的直线）为基准进行计算的。

（4）对象追踪：单击状态行上的“对象追踪”按钮，使其为按下状态，或者使用“F11”

键可将对象追踪打开。

当要绘制的对象与其他对象之间有特定的位置关系时，可以使用对象捕捉追踪，对象追踪和对象捕捉总是配合在一起生效使用的，在开始追踪之前，必须设置至少一种对象捕捉方式，而且最好打开对象捕捉开关。

练一练

示例：绘制一个 100×50 的矩形框。

步骤：

（1）打开对象捕捉在对象捕捉模式中选端点，打开极轴和对象追踪。

（2）单击绘图工具栏中“直线”图标，在图纸上单击一下，确定起点坐标，将鼠标移动到水平位置；当到达时，在屏幕上会出现一条虚线提示，如图 10-4 所示，输入 100 回车；

图 10-4　绘图步骤（一）

（3）将鼠标再向下移动，当到达垂直位置时，在屏幕上会出现一条虚线提示，如图 10-5 所示，输入 50 回车；

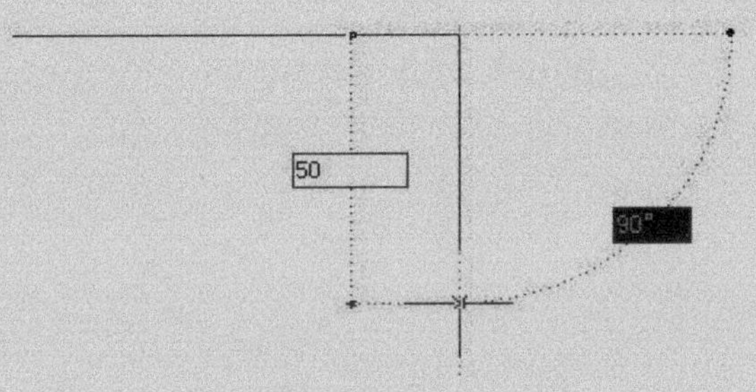

图 10-5　绘图步骤（二）

（4）将鼠标移动到第一条直线的起点位置，自动捕捉功能自动将鼠标指针拉到起点坐标，此时将鼠标向下移动，将显示出一条垂直虚线，如图 10-6 所示；

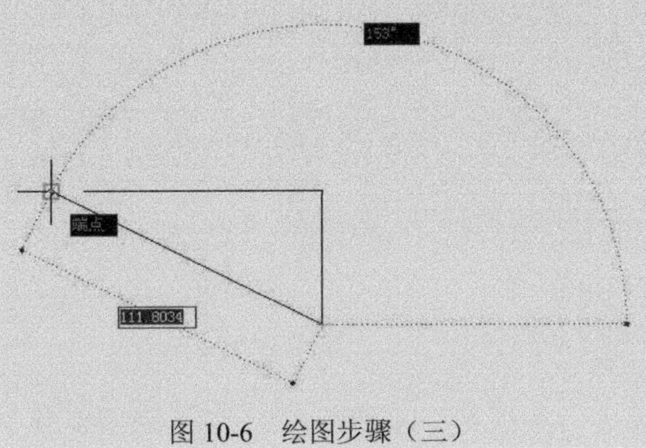

图 10-6　绘图步骤（三）

将鼠标沿着这条竖直线轨迹向下移动，当移动到与目前绘制的直线起点位于同一位置时，又将提示出一条水平虚线，单击左键，完成这条边的绘制，如图 10-7 所示；

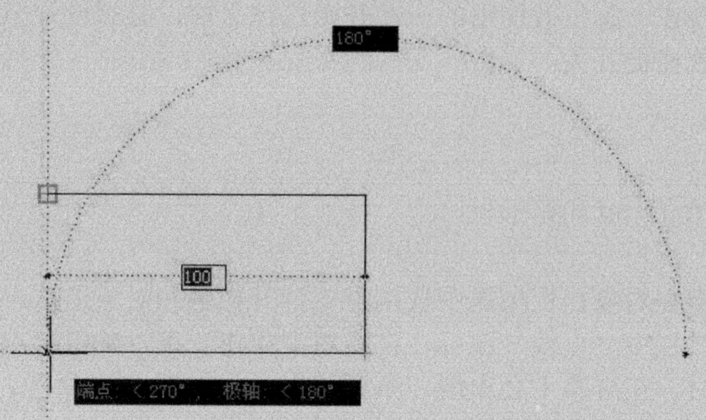

图 10-7　绘图步骤（四）

（5）在命令行中输入“C”，将形体封闭为一个矩形线框，如图 10-8 所示。

图 10-8　绘图步骤（五）

第11章 块 操 作

1. 块的概念

可以将图形中的某些对象组合成一个对象集合，并赋名存盘，这个对象集合被称做为块。用户可以根据做图需要用这个块将该组对象插入到图中任意指定的位置，而且在插入时还可以指定不同的比例系数和旋转角度。

组成块的对象可以有自己的图层、线型和颜色。但 AutoCAD 把块当做一个单一的对象来处理，即通过点取块内的任何一个对象，就可以对整个块进行编辑操作。但可以通过 EXPLODE 命令来分解，让它还原成各个单独对象。块可以嵌套，即一个块中可以包含另外一个或几个块。

一般来说，通过图形块，可以建立图形库，从而大大节省储存空间。因为 AutoCAD 把一个块作为对象处理，还可以通过对图块属性的处理，灵活地标注各种变化的文本，如粗糙度值等。还可以将属性提取出来传送到数据库。

建立图形块时，建议在 0 层建立，因为这样在插入图块时，图块的属性会自动与插入的图层属性相匹配。例如，当前图层为红色、虚线，则图块插入后会自动变为红色、虚线。如果建立的图形块包含几个图层，则插入块时会引入这些图层。

2. 块建立

利用已有图形建立（在当前图形文件中使用的）图块，建立图块的途径有三种：

- “绘图”工具栏/“创建块”按钮
- “绘图”菜单/“块”/“创建”
- 命令：Block 或 Bmake

命令执行后，会弹出块定义的对话框，如图 11-1 所示。

（1）块名：在块名输入框中输入指定块的名称，名称中可以包含字符、数字或是中文。

（2）基点：在插入时作为参考点。可以单击“拾取点（K）”按钮，在图形窗口中选择一点（通常用捕捉来找点）或者直接输入基点的（*X*，*Y*，*Z*）坐标值。

（3）对象：单击“选择对象（T）”按钮后可以在窗口中进行对象选择。用户还可以看到三个选项，保留——是指保留对象，若用户选择此按钮，则在块定义完毕后，不能从图形中删除该对象；转换为块——则是指该图形将会转变成块，用户若选此按钮，那么用户在窗口中选择的对象将会直接转变为块。

（4）块单位：在下拉列表中选择块尺寸的单位。

（5）说明：在文本框中输入对该块定义的描述，以使其他用户对该块定义用途有一个全面地了解。

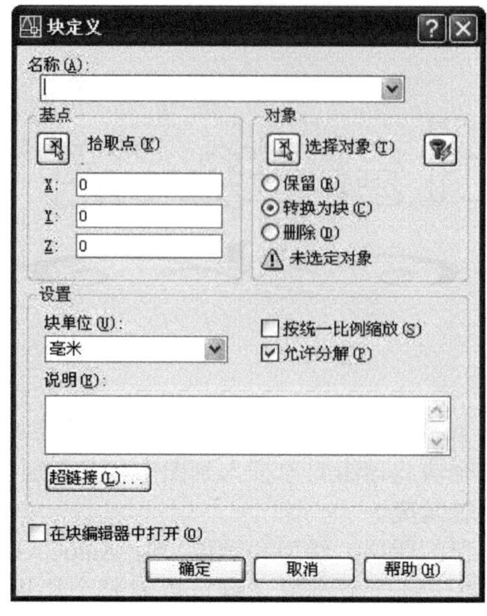

图 11-1 “块定义”对话框

3．块储存

用 Block 或 Bmake 命令定义的块只能用于当前图形中，执行新建图形操作后，该块即消失。如果将当前图形中的块或图形存储为图形文件，可让所有的图形引用，这需要执行 Wblock 命令，执行 Wblock 命令后出现“写块”对话框如图 11-2 所示，可将当前指定的图形或已定义过的块作为一个独立的图形文件存盘。

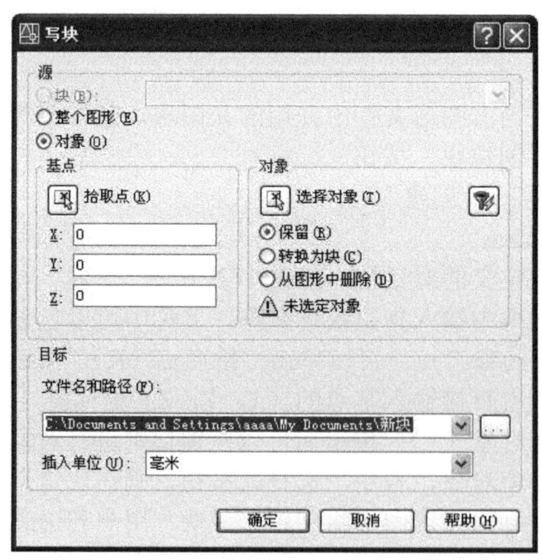

图 11-2 “写块”对话框

（1）源：有三个单选按钮，块——是指要对新建的块定义输出到一个新的图形文件中去，若选中此复选框，此时右边的下拉列表有效，用户就可以从下拉列表中选择已经建立的块定义进行存储；全部图形——是指要对用户所绘制的图形输出到一个新的文件中去；对象——

是指要将当前图形中的某些选定对象输出到指定的文件中去。

（2）目标：文件名和路径——在文本框中输入文件的名称，确定保存的位置，用户也可以单击该按钮，此时会弹出文件夹列表对话框，在其中就可以将该文件指定到喜欢的位置。

4．插入块

已经定义过的块，可以使用插入块命令将块插入到当前图形中，当插入块时，需要指定插入点、缩放比例和旋转角度。当把整个图形插入到另一个图形时，AutoCAD 会将插入图形当做块引用处理。

执行插入块的命令途径有三种：

- “绘图”工具栏/“插入块”按钮
- “插入”菜单/“块”
- 命令：Insert 或 Ddinsert

命令执行后，会弹出“插入”对话框，如图 11-3 所示。

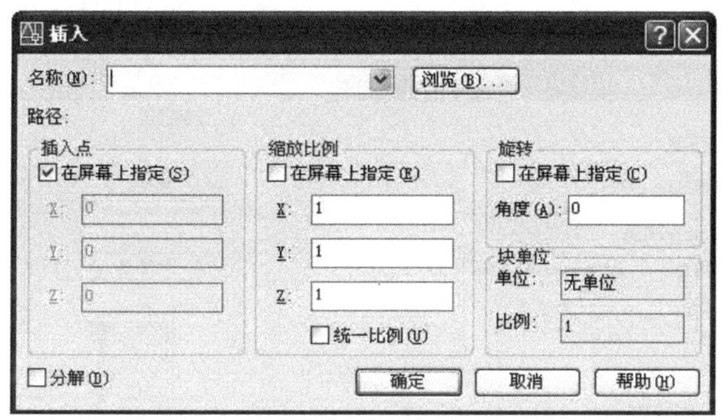

图 11-3 “插入”对话框

（1）名称：单击下拉按钮，在已定义的块中选择，或单击“浏览”按钮，弹出选择图形文件对话框，从中选取要插入的图形文件。

（2）路径：可以直接指定插入点坐标、缩放比例值、旋转角度；也可以选中“在屏幕上指定”的复选框，在单击“确定”按钮后，命令行中会出现提示信息，通过对这些信息提问的输入，就可以对图块的插入点、比例、角度进行具体的设置。

（3）对于要插入的块或图形文件，如果要对其进行编辑，必须先将其分解。

5．使用块操作的优势

（1）建立图形库。可以用块建立常用符号、常用件、标准件等的标准库。当绘图时可以将块从图库中调出多次插入到图形中，而不必每次都重新创建图形元素。

（2）便于图形修改。绘制好的工程图样有时要进行修改，利用图库修改的一致性，可以把已插入的图块一起修改完，这样节省逐个修改的时间。

（3）节省磁盘空间。当一组图形在图中重复出现时，会占据较多的空间，若把这组图形定义成块并存入磁盘，当块插入后，不会重复记录块中对象的构造信息，这样可以节省图形存储的空间。

第12章 打印输出

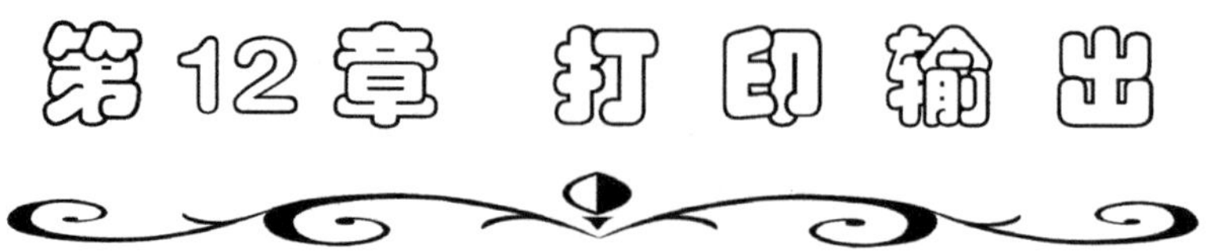

AutoCAD 提供了两种图纸输出的途径，一种是在模型空间打印输出，另一种是在图纸空间打印输出。

在绘制好 AutoCAD 图形后，可以把图形打印输出到一张图纸上，在进行打印输出之前，必须进行相应的设置，如打印机和打印样式表。在“文件”下拉菜单中选中“打印”选项后，就会弹出“打印”对话框。在“打印设备”标签中，选择系统默认的打印机，如图 12-1 所示。

图 12-1 “打印”对话框（一）

在“打印设置”标签中，可以选择图纸的尺寸、方向、打印区域以及打印比例等，如图 12-2 所示。

（1）图纸尺寸和图纸单位：在该栏的“图纸尺寸”下拉列表框中选择图纸的类型，如 A4、A5 等，用户也可以选择“用户自定义纸张”选项自定义图纸大小。在该下拉列表框下方显示了图纸的可打印区域，并在右侧选择图纸的单位，有“英寸”和“毫米”两种。

（2）打印区域：可设定图形输出时的打印区域。布局——将当前图形界限作为打印区域；范围——打印图形中所有的对象；显示——指定打印区域为当前显示的视图；窗口——用户通过其后的“窗口（O）<”按钮在绘图区中指定一个窗口区域作为打印区域。

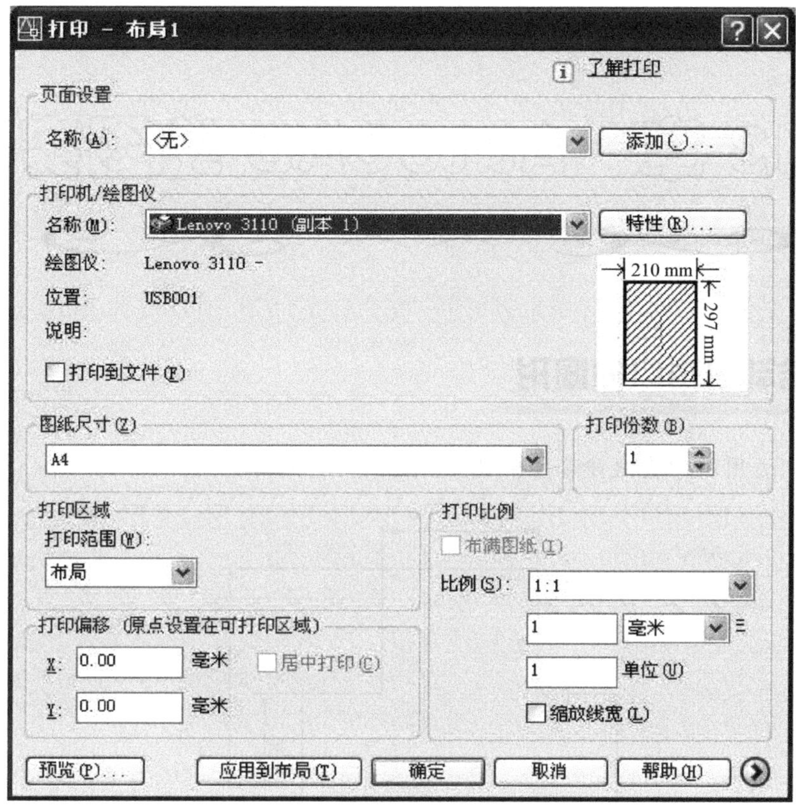

图 12-2 “打印”对话框（二）

（3）打印比例：可设定图形输出时的打印比例。

（4）打印偏移：图形在图纸上的位置可通过“打印偏移”栏来控制，若用户在该栏中选择“居中打印”复选框，则图形以居中对齐方式打印到图纸上，也可在 X 和 Y 文本框中输入图形在图纸上的水平和垂直位置。

（5）预览：以图形打印后的实际效果显示。使用预览方式预览图形输出后的效果需重新生成图形，所以会耗费较多时间。

在打印机和打印样式表设置完成之后，就可以进行图形的输出了。

第 13 章　AutoCAD 绘图实例

13.1　绘制凸形几何图形

【案例 1】　运用所学直线命令绘制图 13-1 所示图形。

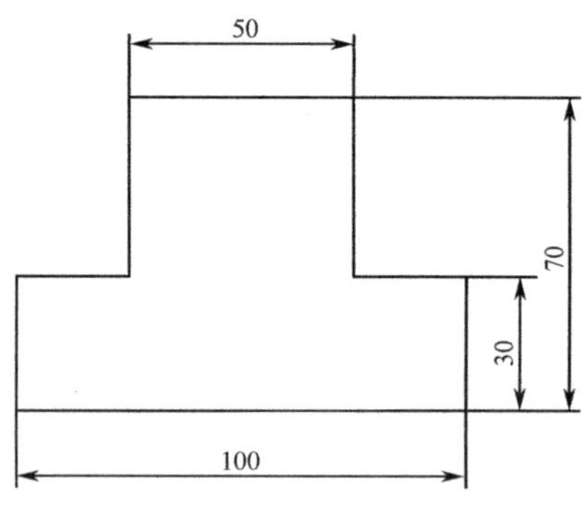

图 13-1　凸形几何形

【分析】　这是一个简单的几何图形，读者可分别用绝对坐标和相对坐标来绘制本图，在练习的过程中应注意绝对坐标和相对坐标的区别，分析一下怎样绘制更为方便。

【使用命令】　直线

【步骤】

在命令行输入 Limits 回车；

（0，0）回车；

（210，297）回车；

Z 回车；

A 回车；

L 回车；

（60，150）回车；

（@100，0）回车；

（@0，30）回车；

（@−25，0）回车；

（@40<90）回车；

（@50<180）回车；

（@40<270）回车；

（@−25<180）回车；

C 回车（与起点闭合）。

在画有尺寸的图形时，第一点可用绝对坐标来绘制，后面的点应尽可能利用相对坐标绘图，这样可以很准确、很方便地绘制出图形。

13.2　绘制模板（一）

【案例 2】　通过对图 13-2 的绘制，思考一下可以用几种绘图方法绘制出该图形。

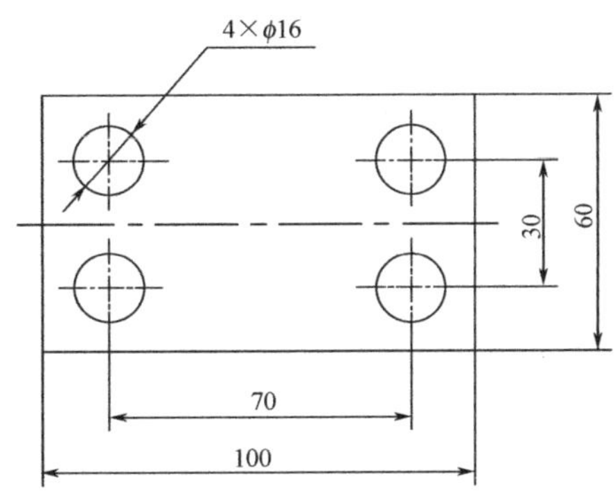

图 13-2　模板

【分析】　图形为对称结构，绘图的方式较多，本案例着重练习偏移、复制、删除、镜像命令的使用方法。

【使用命令】　直线、圆、偏移、复制、删除、镜像

【步骤】

（1）在命令行输入 Limits 回车；

（0，0）回车；

（210，297）回车；

Z 回车；

A 回车；

L 回车；

（100，120）回车；

（@30<90）回车；

（@100<0）回车；

（@30<270）回车；

回车；

单击偏移按钮；

15 回车；

选已画最上面线段；

在下方单击（同理选两侧线段分别画出辅助线）如图 13-3 所示。

图 13-3　模板绘图步骤（一）

（2）C 回车；

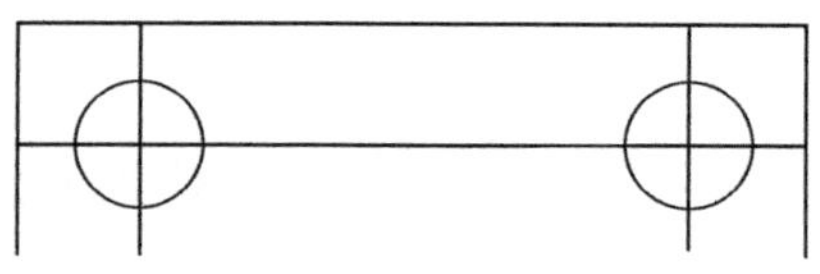

图 13-4　模板绘图步骤（二）

捕捉另一交点；

单击左键，如图 13-4 所示。

（3）单击删除按钮；

选三条辅助线；

回车；

单击镜像按钮；

将三条线段和两个圆都选中；

回车；

依次捕捉两端点并单击；

回车，如图 13-5 所示。

打开对象捕捉功能；

捕捉辅助交点；

8 回车；

单击复制按钮；

选择圆；

回车；

选圆心为基点；

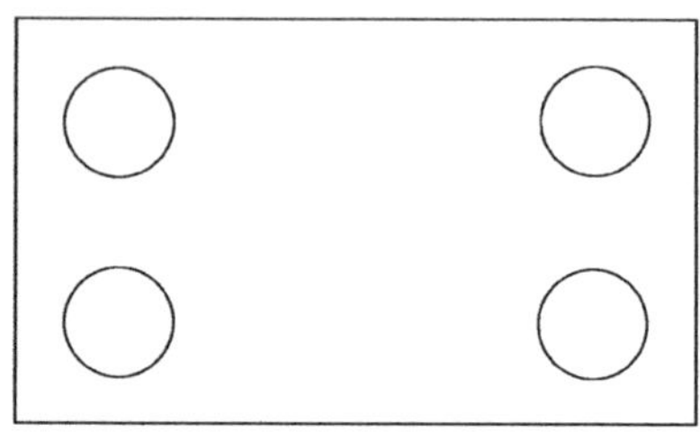

图 13-5　模板绘图步骤（三）

13.3　绘制模板（二）

【案例 3】　在案例 1 与案例 2 的图形基础上，重点练习一下倒角和倒圆，这在零件图中是常见的结构，如图 13-6 所示。

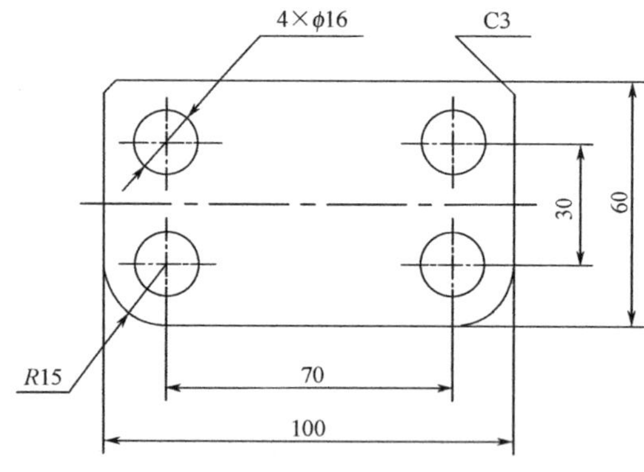

图 13-6　模板中的倒角和倒圆

【分析】　倒角和倒圆是机械图样中常出现的结构，读者应该熟练掌握。

【步骤】　在图 13-5 的图形基础上绘制案例 3。

单击倒角按钮；

D 回车；

3 回车；

回车；
选左上角两相邻边；
同理在右上角倒角；
单击圆角按钮；
R 回车；
15 回车；
回车；
选左下角两相邻边；
同理在右下角倒圆角，如图 13-7 所示。

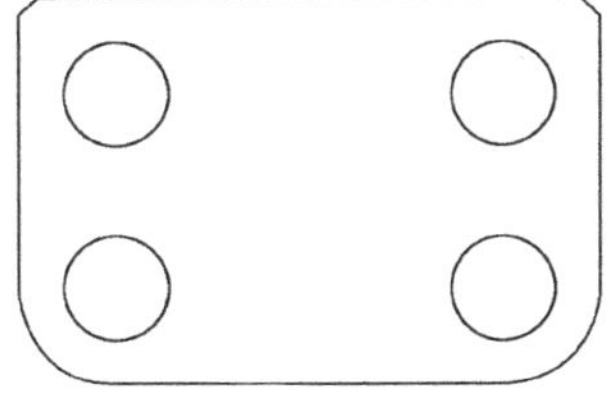

图 13-7　倒角和倒圆

注意

在标注 4×ϕ16 时，如果“×”变为“？”时，可将字体改为 txt.shx 即可。倒角标注中的引线可用直线画出，然后插入文本 C3 即可。

13.4　绘制环形图

【案例 4】　在零件图中经常有如图 13-8 所示的结构，其特征是同尺寸的孔均匀分布在圆周上，如果重复绘制很麻烦且效率低，可以用编辑命令很方便地绘制出来。

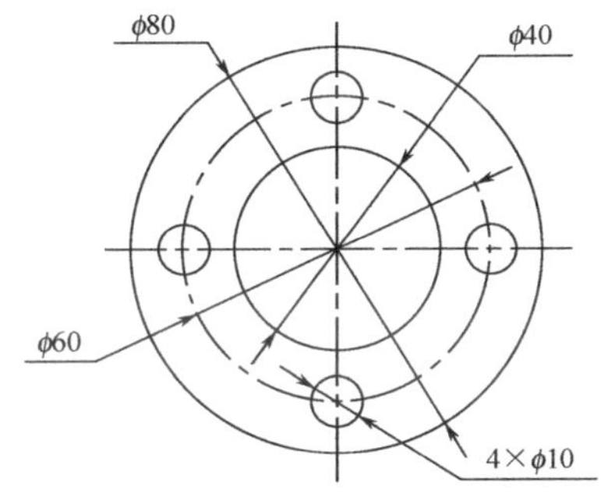

图 13-8　环形图

【分析】　这样的结构在零件图中常有，通过本案例着重来练习阵列和多重复制的使用方法。

【使用命令】　圆、阵列、多重复制

【步骤】

（1）在命令行输入 Limits 回车；
（0，0）回车；
（210，297）回车；
Z 回车；
A 回车；
L 回车；
画出两条垂直相交的直线（线段长为 90）；

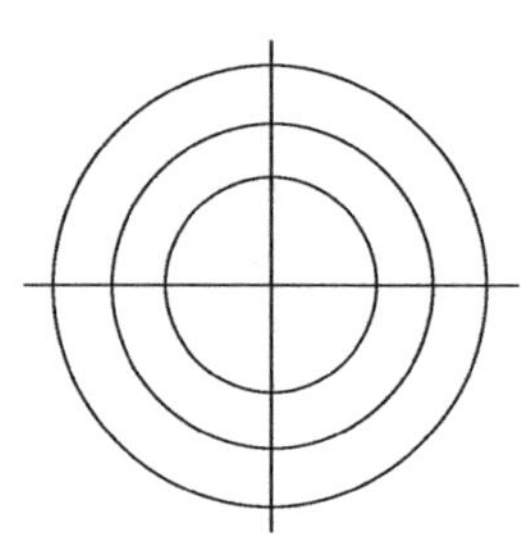

图 13-9　环形图绘图步骤（一）

C 回车；
捕捉两直线的交点，单击鼠标左键；
20 回车；
回车；
@回车；
40 回车；
回车；
@回车；
30 回车（辅助圆），如图 13-9 所示。

（2）C 回车；
打开对象捕捉（在状态行上）；
捕捉到直线与辅助圆交点后单击；
5 回车；
单击阵列按钮；
选择小圆回车；
P 回车；
捕捉同心圆的圆心；
4 回车；
回车；
回车，如图 13-10 所示。

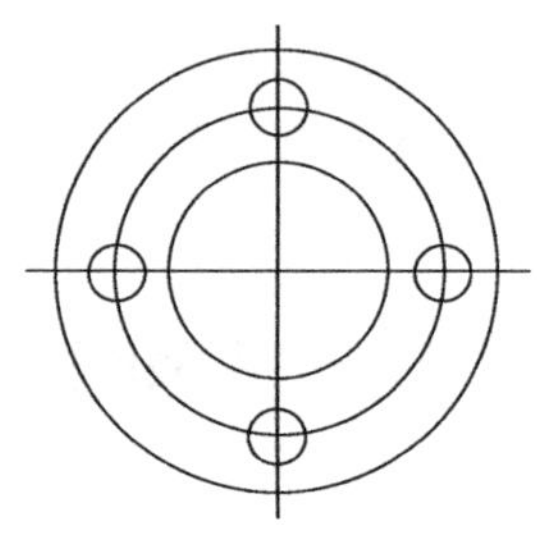

图 13-10　环形图绘图步骤（二）

提示

也可用多重复制来绘图：
C 回车；
打开对象捕捉（在状态行上）；
捕捉到直线与辅助圆交点后单击；
5 回车；
单击复制按钮；
选择小圆回车；
M 回车；
选小圆圆心为基点；
捕捉直线与辅助圆的交点为复制点，单击鼠标左键；
回车。

13.5　绘制平面图形——吊钩

【案例 5】　通过绘制如图 13-11 所示的吊钩，熟悉一下圆弧连接的画法，这对绘制零件图有很大的帮助。

【分析】　本图分三个图层，分别为点画线、轮廓线、尺寸标注。绘图时先画已知线段，再画连接线段，再用修剪命令将多余的线段删去。

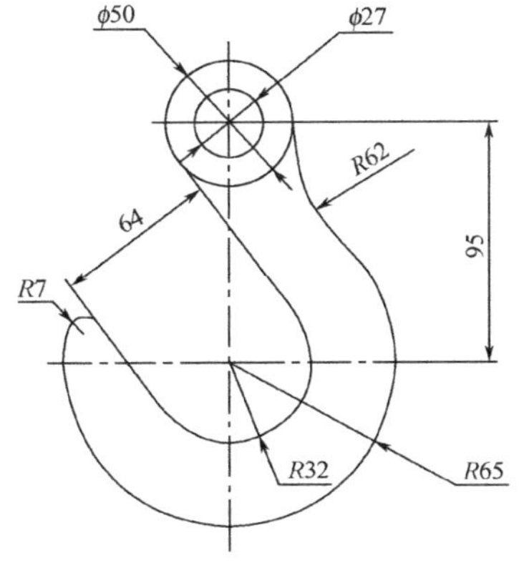

图 13-11 吊钩

【使用命令】 直线、圆、修剪、尺寸标注（线性、半径、直径）

【步骤】

（1）设定边界，显示全图。

格式菜单；

图形界限；

输入（0，0）回车；

（210，297）回车；

Z 回车；

A 回车；

回车结束令。

（2）按下图形式设定图层，加载线型。

格式菜单；

图层；

出现对话框后进行设置，如图 13-12 所示。

图 13-12 吊钩绘图步骤（一）

（3）绘基准线。

选中点画线层置于当前层；

打开极轴；

单击直线按钮；

绘制水平线段 60；

单击偏移按钮；

输入 95，绘等距线；

单击直线按钮；
捕捉中点绘制竖直线段；
用夹点编辑方法编辑热点，调整至适当位置，如图 13-13 所示。

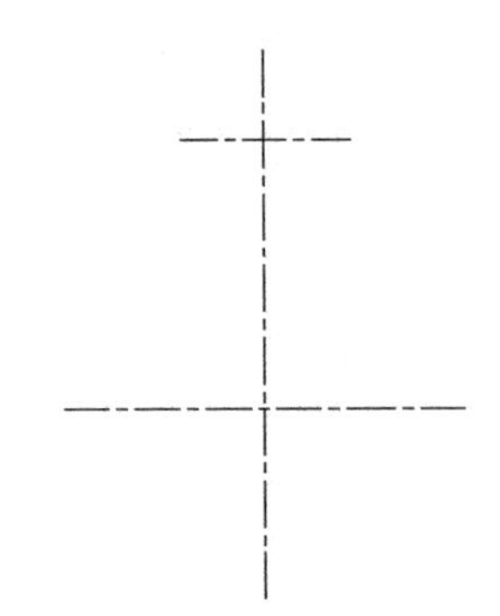

图 13-13 吊钩绘图步骤（二）

（4）画已知线段。
选中轮廓线层置于当前层；
单击绘圆按钮；
捕捉点画线交点（上面）；
D 回车；
27 回车；
回车（重复绘圆命令）；
捕捉点画线交点（上面）；
D 回车；
50 回车；
回车；
捕捉点画线交点（下面）；
32 回车；
回车；
捕捉点画线交点（下面）；
65 回车，如图 13-14 所示。

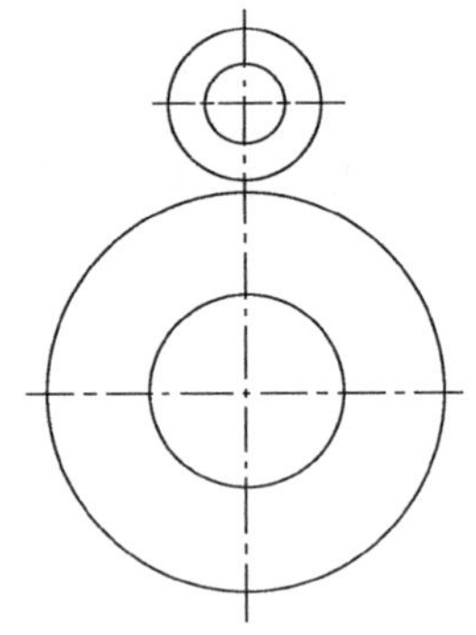

图 13-14 吊钩绘图步骤（三）

（5）画中间线段。
单击直线按钮；
捕捉$\phi50$ 左侧切点；
捕捉 $R32$ 右侧切点；
回车；
单击偏移按钮；
输入 64 回车绘等距线；
单击绘圆按钮；
T 回车；
捕捉$\phi50$ 右侧切点；
捕捉 $R65$ 右侧上方切点；
62 回车，如图 13-15 所示。

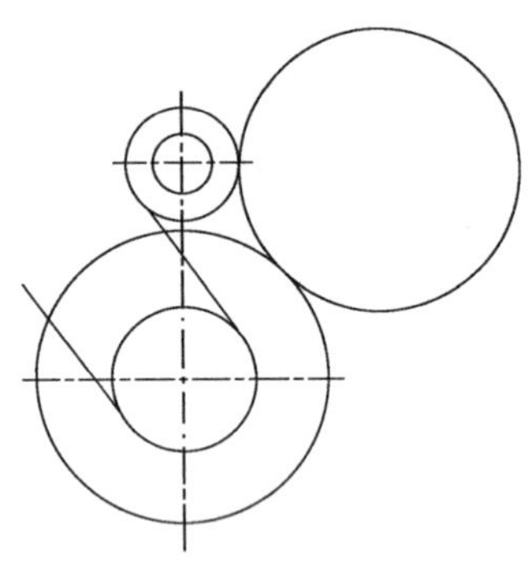

图 13-15 吊钩绘图步骤（四）

（6）画连接线段，如图 13-15 所示。
单击绘圆按钮；
T 回车；
捕捉 $R65$ 左侧切点；
捕捉直线上切点；
7 回车。
（7）修剪多余线段，如图 13-17 所示。
（8）标注尺寸。标注样式设置参见 9.2。
如果所绘图形在图纸中的位置不合适，可以选取整个图形用移动命令（MOVE）来调整其到合适的位置。

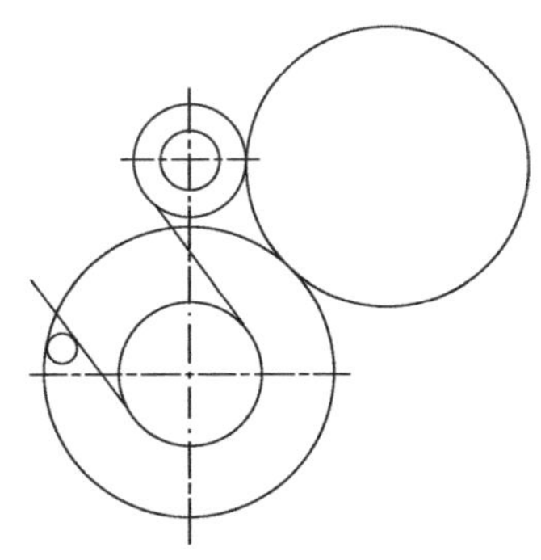

图 13-16　吊钩绘图步骤（五）

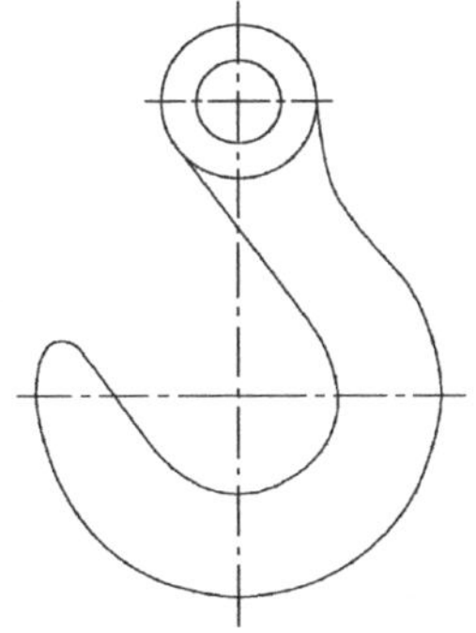

图 13-17　吊钩绘图步骤（六）

13.6　绘制零件图——衬套

【案例 6】　运用所学命令来绘制一张完整的衬套零件图，如图 13-18 所示。

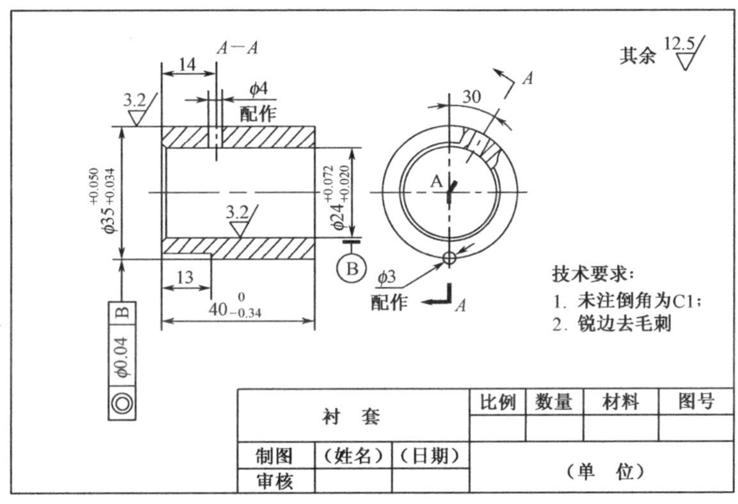

图 13-18　衬套零件图

【分析】　主视图为基本对称图形，可用镜像命令，当然本图形较简单，也可以用偏移命令直接画出。左视图中的断裂处可用样条曲线来绘制，剖切符号先画成竖直位置，后用镜像画出另一端，再将上端的符号旋转 30°。

【使用命令】　直线、圆、多段线、样条曲线、图案填充、多行文本、镜像、偏移、旋转、修剪、打断、尺寸标注、形位公差。

【步骤】

（1）设定边界，显示全图。

格式菜单；

图形界限；

（0，0）回车；

（210，297）回车；

Z 回车；

A 回车；

回车，结束命令。

（2）按下图形式设定图层，加载线型。

格式菜单；

图层；

出现对话框后进行设置，如图 13-19 所示。

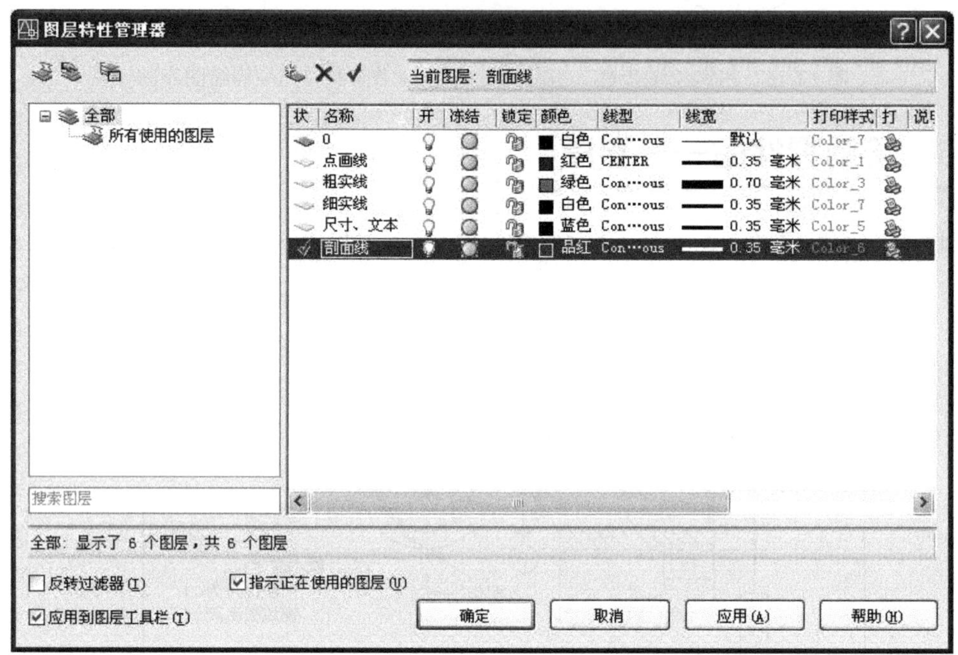

图 13-19　衬套绘图步骤（一）

（3）绘图框线、标题栏。

将粗实线层置为当前层；

L 回车；

（10，10）回车；

（@ 190<0）

（@ 277<90）回车；

（@190<180）回车；

C 回车；

单击偏移按钮；

130 回车；

选右侧图框线；

在左侧单击；

回车；

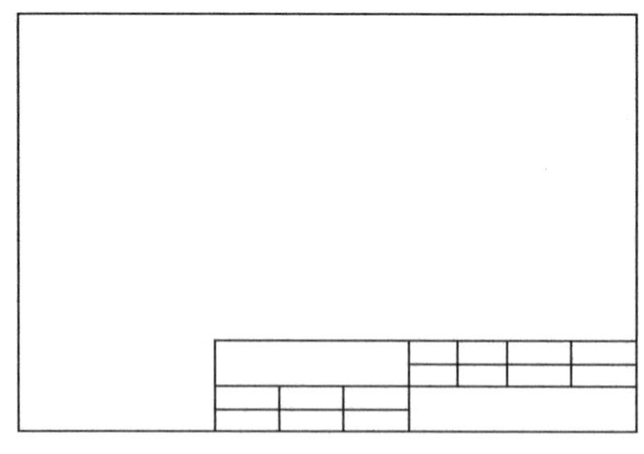

图 13-20　衬套绘图步骤（二）

28 回车；
选下面图框线；
单击上方；
回车；
单击修剪按钮；
选中两线回车；
再单击所剪线段回车；
利用偏移和修剪命令按图示将标题栏画出；
选中标题栏内的所有粗实线；
单击图层下拉按钮；
再单击细实线层（此时图线信息会自动更改），如图 13-20 所示。

（4）绘基准线。
将点画线层置为当前层；
L 回车；
（45，90）回车；
（@ 100<0）回车；
（125，110）回车；
（@ 40<−90）回车；
回车（结束命令）。

（5）绘制零件图形。
将粗实线层置为当前层；
绘制主视图；
L 回车；
（50，90）回车；
（@ 17.5<90）回车；
（@40<0）回车；
（@17.5<−90）回车；
回车；
单击偏移按钮；
5.5 回车；
选中 40 长直线；
单击下方回车；
回车；
1 回车；
选中左端线单击右侧；
选中右端线单击左侧；
回车；
推动鼠标滚轮将图放大；
单击倒角按钮（设置为不修剪模式）；
D 回车；
1 回车；

回车；

选中需倒角的两垂直边，如图 13-21 所示；

单击修剪按钮；

将多余的线剪去，如图 13-22 所示；

单击镜像按钮；

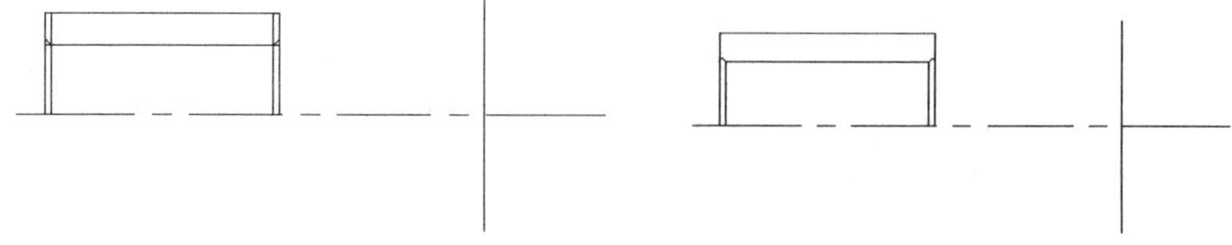

图 13-21　衬套绘图步骤（三）　　图 13-22　衬套绘图步骤（四）

选中所绘图形回车；

捕捉点画线两端点回车；

回车，如图 13-23 所示；

利用偏移命令画出 $\phi 4$ 和 $\phi 3$ 小孔结构，如图 13-24 所示；

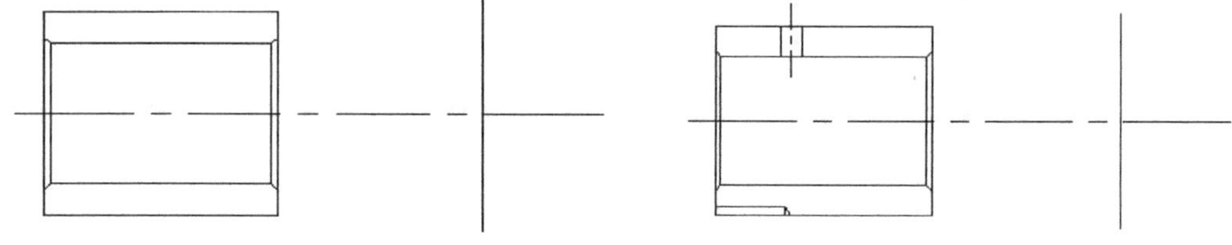

图 13-23　衬套绘图步骤（五）　　图 13-24　衬套绘图步骤（六）

绘制左视图；

C 回车；

捕捉点画线的交点（圆心）；

17.5 回车；

回车；

@回车；

12 回车；

回车；

@回车；

13 回车；

将点画线层置为当前层；

L 回车；

捕捉圆心；

@22<60 回车；

单击偏移按钮；

2 回车；

选所绘点画线向两边偏移；

回车；
选中两条偏移线；
单击图层工具栏下拉按钮；
单击粗实线层（将线型转换）；
单击样条曲线按钮；
在两侧绘出波浪线，如图 13-25 所示；
单击修剪按钮；
选 ϕ35 和 ϕ24 的圆回车；
将多余的线剪去；
画出 ϕ3 的小孔，如图 13-26 所示；

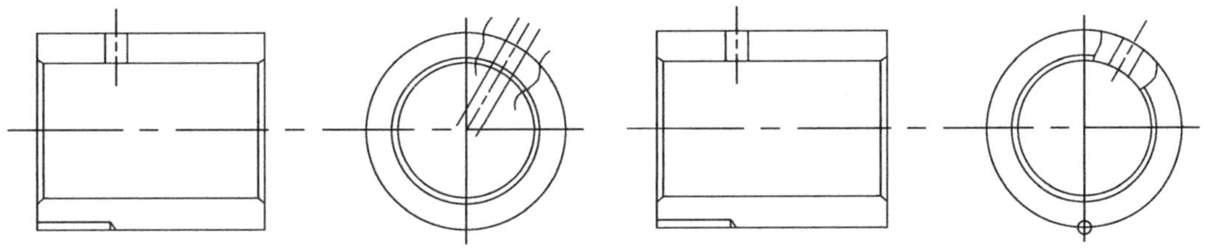

图 13-25　衬套绘图步骤（七）　　图 13-26　衬套绘图步骤（八）

单击修改菜单；
对象特性；
选中要修改的点画线；
将线型比例改为适合数字，如图 13-27 所示；

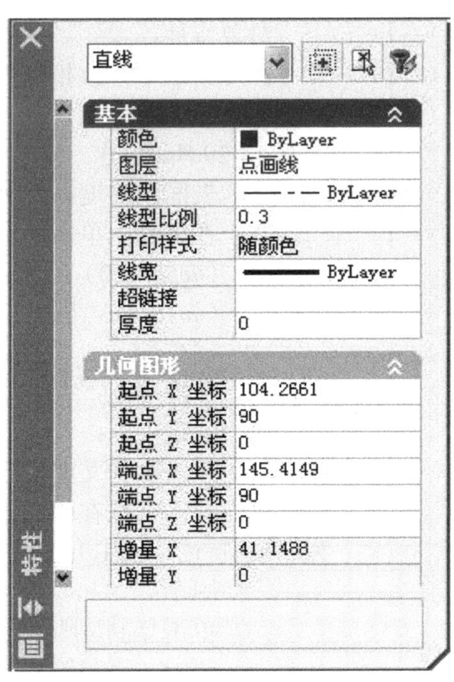

图 13-27　衬套绘图步骤（九）

单击打断按钮；

将主、左视图之间的点画线断开，如图 13-28 所示；

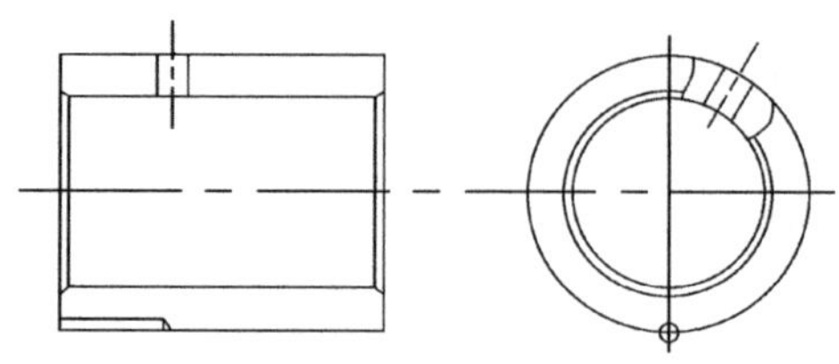

图 13-28　衬套绘图步骤（十）

（6）标注尺寸、表面粗糙度、形位公差。

设定标注样式；

单击线性标注按钮；

捕捉左侧端点；

T 回车；

%%C35 回车；

在适合的位置单击；

同理可标注出其他类似的线性尺寸。

对有公差的尺寸，可在标注样式中的公差标签一栏中进行设置。

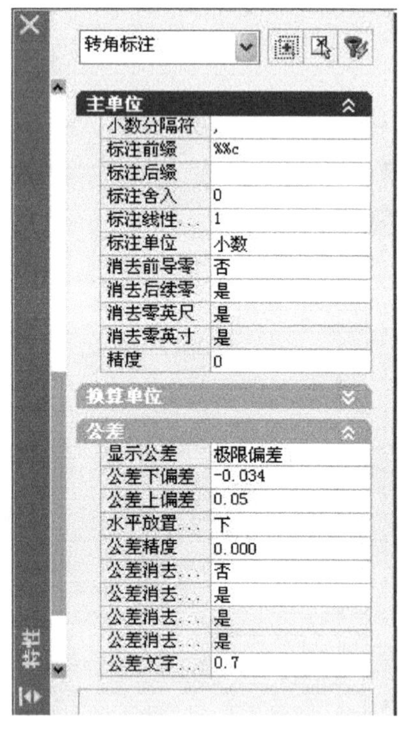

图 13-29　衬套绘图步骤（十一）

操作步骤

选中尺寸；

单击修改菜单；

对象特性；

在对话框中修改相应数值（此时基本尺寸 35 前的ϕ 符号不能先标出，应在对象特性对话框中修改）如图 13-29 所示。

表面粗糙度：L 回车；

在屏幕上单击一点；

（@5<−60）回车；

（@10<60）回车；

回车；

捕捉端点；

捕捉中点；

单击多行文字按钮；

拉出方框在弹出的对话框中输入 3.2（字号为 3.5、特性选正中）；

回车；

单击复制按钮；

选中文字和符号回车；

选三角下端为基点；

拖动到适当位置单击插入。

也可以将表面粗糙度做成块，用块插入的方法来绘制。

形位公差：单击快速引线按钮；

回车出现对话框，选公差单击确定；

捕捉 $\phi35$ 尺寸线的箭头；

在适当位置单击；

回车出现对话框；

输入数值（如果觉得位置不合适，可以用旋转命令调整）。

（7）剖面线。

先将剖切位置标出；

PL 回车；

（125，65）回车；

W 回车；

0.7 回车；

回车；

（@5<−90）回车；

W 回车；

0.35 回车；

回车；

（@4<180）回车；

W 回车；

1 回车；

0 回车；

（@3<180）回车；

回车（结束命令）。

另一端用镜像、旋转和平移命令放置合适的位置，标出字母。

填充剖面线：单击图案填充按钮；

在图案下拉菜单中选 ANSI31；

拾取点；

在图形中选取要填充的区域；

回车回到对话框；

单击确定（结束命令）。

（8）文本输入。

单击多行文本按钮；

在合适的位置拉出书写范围；

弹出多行方字编辑器；

输入文本并进行适当编辑；

单击确定按钮（结束命令）。

（9）检查、完成全图。如果图形的位置布置不美观，可利用移动命令进行适当的调整。

综合练习

要求：

（1）使用 A3 图幅，如图 13-30 按尺寸精确绘图。

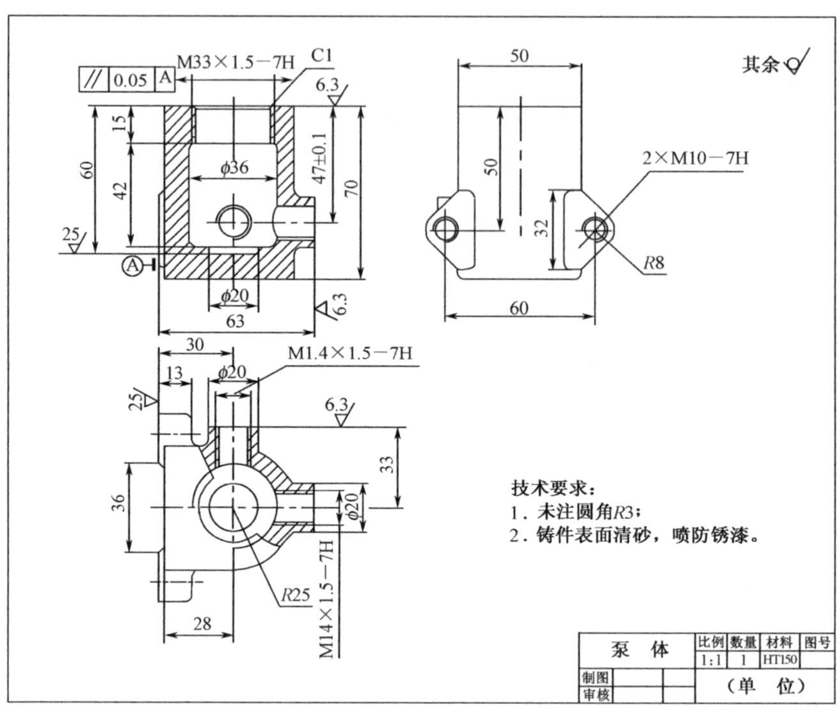

图 13-30　泵体零件图

（2）图框的左下角的坐标为（0，0）。

（3）图层、颜色及线型如表 13-1 所示配置。

表 13-1　配置参数

图层名称	颜色	线型名称	线宽
粗实线	红	CONTINUOUS	0.7
细实线	黄	CONTINUOUS	0.3
点划线	绿	CENTER	0.3
尺寸线	粉	CONTINUOUS	默认
文　字	蓝		

（4）标注设置符合国家标准，标注设置的位置和形式可以自定。

（5）图中汉字采用仿宋 GB-2312，宽高比为 0.70。

（6）图形布置均匀，美观。

（7）存盘前使整个图形充满屏幕。

（8）有条件的同学可以将所绘图形打印一份成为正式图纸。

附录A　表A-1至表A-3

表 A-1　普通螺纹直径与螺距系列（GB/T 193—1981）基本尺寸（GB/T 196—1981）

公称直径 D,d		螺　距　P		粗牙中径 D_2,d_2	粗牙中径 D_1,d_1
第一系列	第二系列	粗　牙	细　牙		
3		0.5	0.35	2.675	2.459
	3.5	（0.6）		3.110	2.850
4		0.7	0.5	3.545	3.242
	4.5	（0.75）		4.013	3.688
5		0.8		4.480	4.134
6		1	0.75，（0.5）	5.350	4.917
8		1.25	1,0.75,（0.5）	7.118	6.647
10		1.5	1.25, 1,0.75,（0.5）	9.026	8.376
12		1.75	1.5, 1.25, 1,（0.75）,（0.5）	10.863	10.106
	14	2	1.5,（1.25）,1,（0.75）,（0.5）	12.701	11.835
16		2	1.5,1,（0.75）,（0.5）	14.701	13.835
	18	2.5	2,1.5,1,（0.75）,（0.5）	16.376	15.294
20		2.5		18.376	17.294
	22	2.5	2,1.5,1,（0.75）,（0.5）	20.376	19.294
24		3	2,1.5,1,（0.75）	22.051	20.752
	27	3	2,1.5,1,（0.75）	25.051	23.752
30		3.5	（3）,2,1.5,1,（0.75）	27.727	26.211
	33	3.5	（3）,2,1.5,（1）,（0.75）	30.727	29.211
36		4	3,2,1.5,（1）	33.402	31.670
	39	4		36.402	34.670
42		4.5	（4）,3,2,1.5,（1）	39.077	37.129
	45	4.5		42.077	40.129
48		5		44.752	42.587
	52	5	4,3,2,1.5,（1）	48.752	46.587
56		5.5		52.428	50.046
	60	5.5		56.428	54.046
64		6		60.103	57.505
	68	6		64.103	61.505

注：1.优先选用第一系列，括号内尺寸尽可能不用，第三系列未列入；

2.M14×1.25 仅用于火花塞。

表 A-2　装配图中螺纹紧固件的简化画法

形　式	简 化 画 法	形　式	简 化 画 法
六角头 （螺栓）	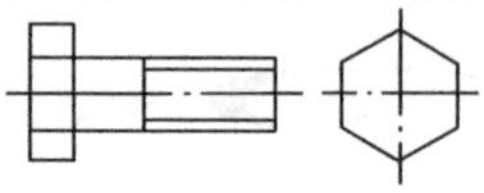	方头 （螺栓）	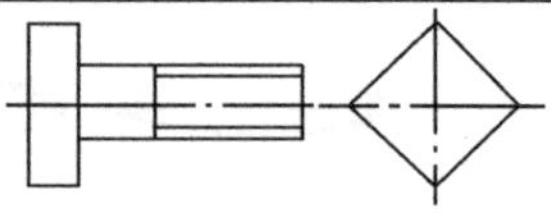
圆柱头 内六角 （螺钉）	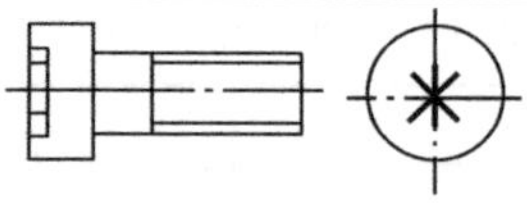	无头内六角 （螺钉）	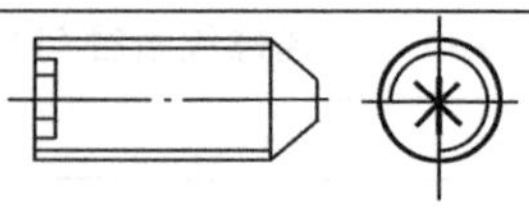
无头开槽 （螺钉）	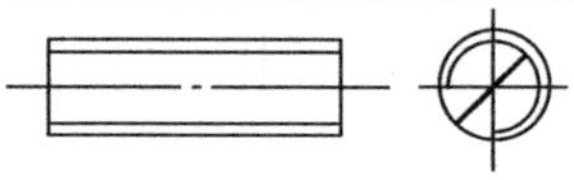	沉头开槽 （螺钉）	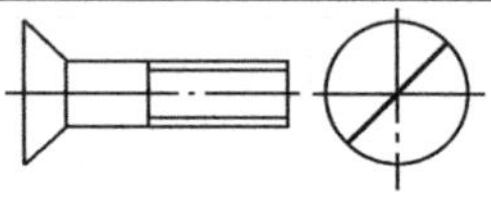
半沉头开槽 （螺钉））	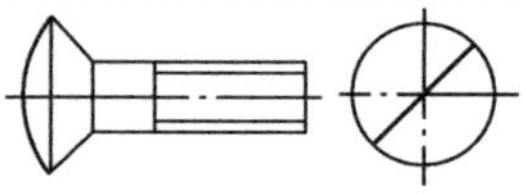	沉柱头开槽 （螺钉）	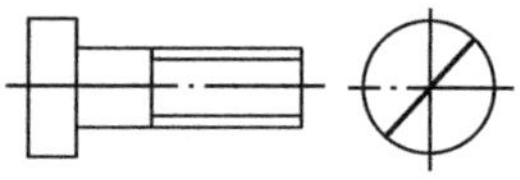
盘头开槽 （螺钉）	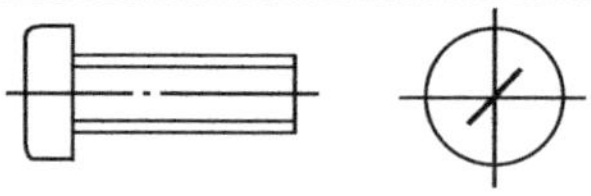	沉头开槽 （自攻螺钉）	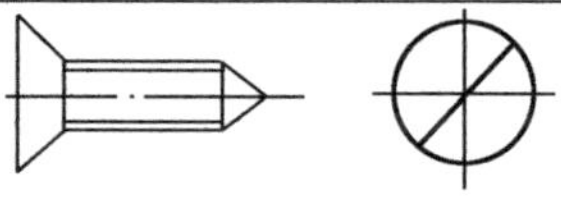
六角 （螺母）	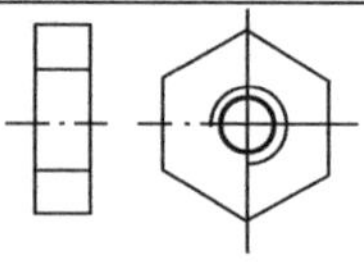	方头 （螺母）	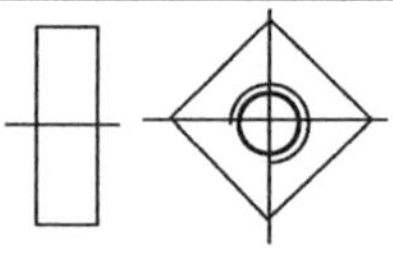
六角开槽 （螺母）	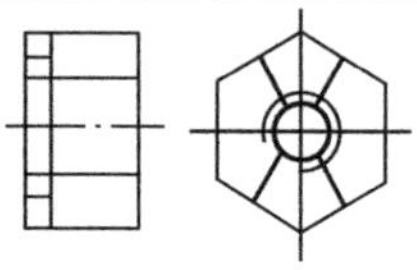	六角法兰面 （螺母）	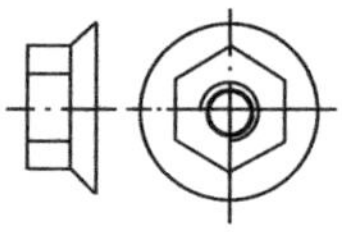
蝶形 （螺母）	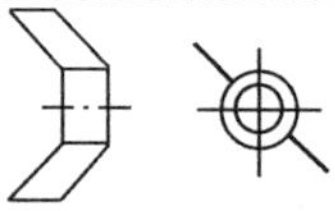	沉头十字槽 （螺钉）	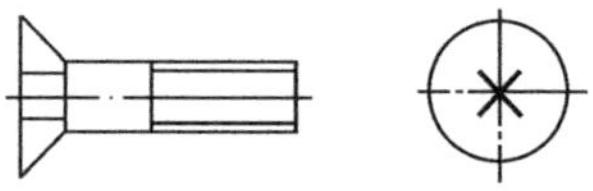
半沉头 十字槽 （螺钉）	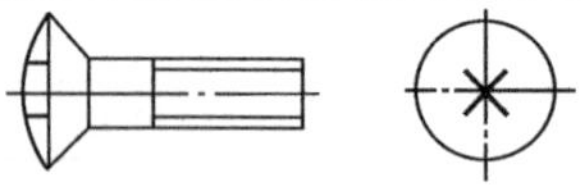		

表 A-3 各种孔的简化画法

序号	类型		旁注法（简化注法）		普通注法
1	光孔	一般孔	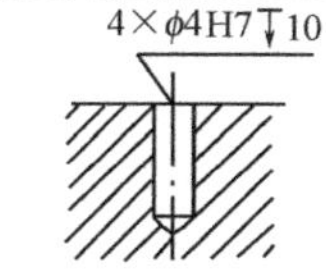 4×φ4H7↧10	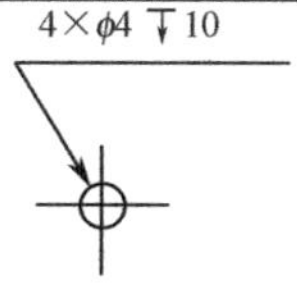 4×φ4 ↧10	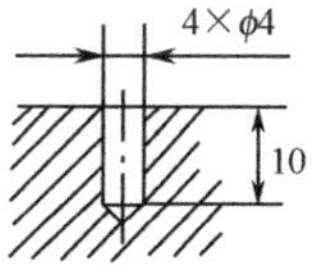 4×φ4 10
2	光孔	精加工孔	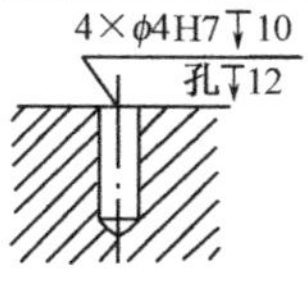 4×φ4H7↧10 孔↧12	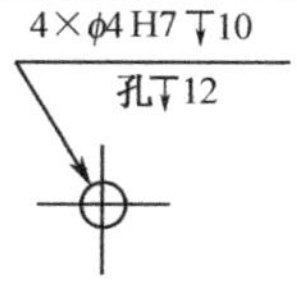 4×φ4 H7 ↧10 孔↧12	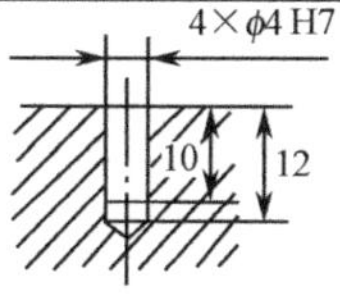 4×φ4 H7 10 12
3	螺孔	通孔	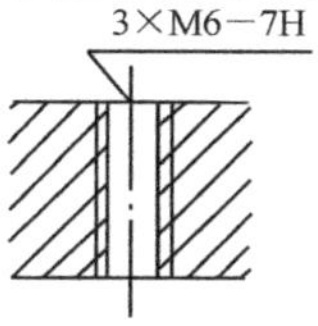 3×M6−7H	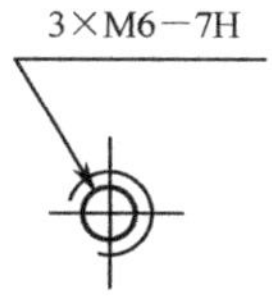 3×M6−7H	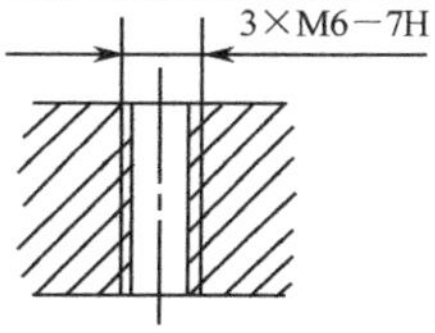 3×M6−7H
4	螺孔	不通孔	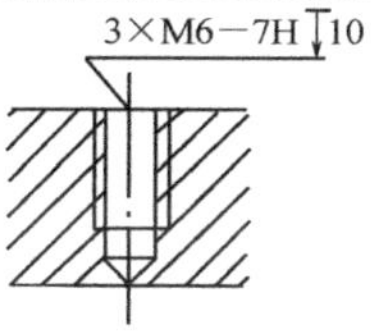 3×M6−7H↧10	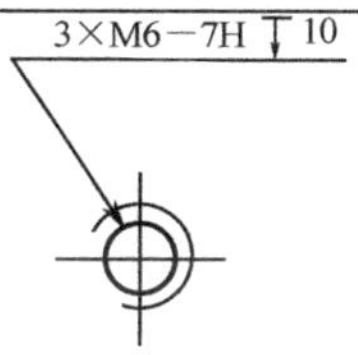 3×M6−7H ↧10	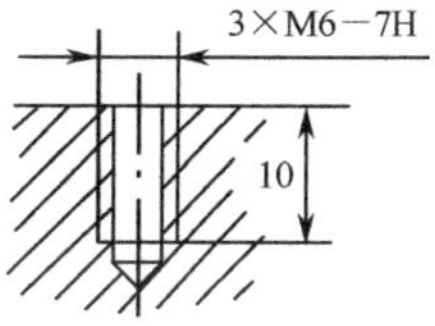 3×M6−7H 10
5	螺孔	不通孔	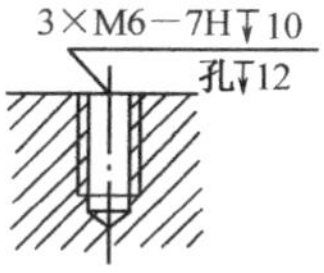 3×M6−7H↧10 孔↧12	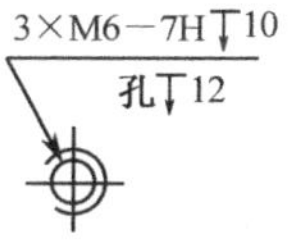 3×M6−7H↧10 孔↧12	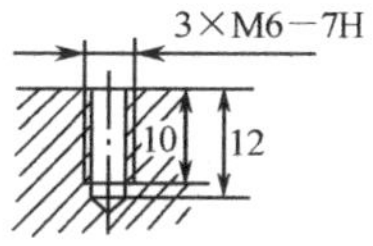 3×M6−7H 10 12
6	沉孔	锥形沉孔	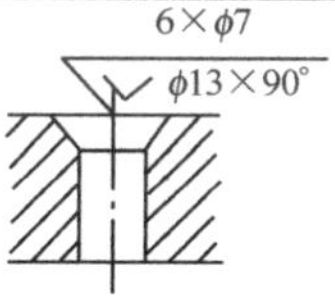 6×φ7 φ13×90°	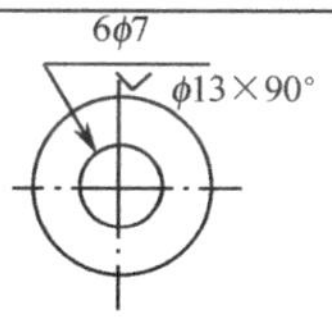 6φ7 φ13×90°	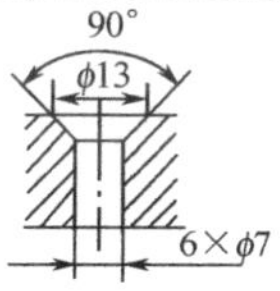 90° φ13 6×φ7
7	沉孔	柱形沉孔	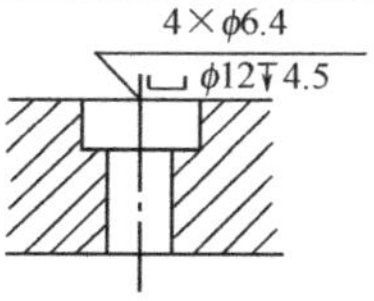 4×φ6.4 ⌴φ12↧4.5	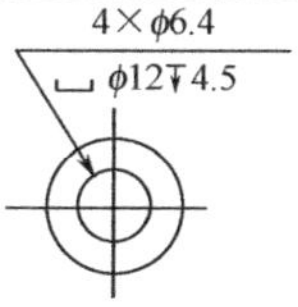 4×φ6.4 ⌴φ12↧4.5	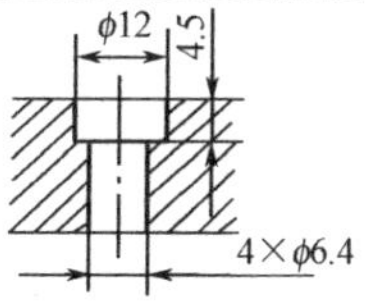 φ12 4.5 4×φ6.4
8	沉孔	锪平孔	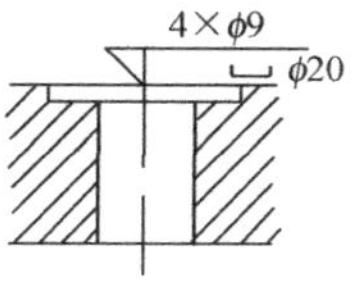 4×φ9 ⌴φ20	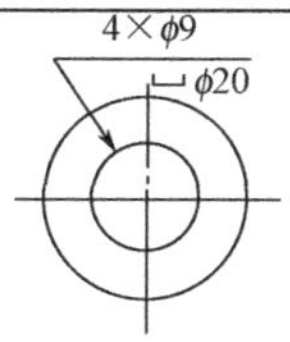 4×φ9 ⌴φ20	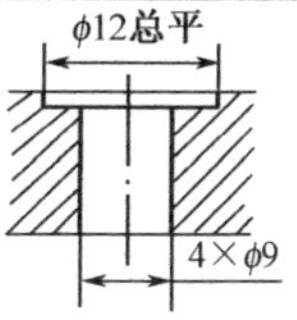 φ12总平 4×φ9

读者意见反馈表

书名：机械识图与AutoCAD技术基础（2006版）（第2版）　　**主编：**候永春　　**策划编辑：**白　楠

谢谢您关注本书！烦请填写该表。您的意见对我们出版优秀教材、服务教学都十分重要。如果您认为本书有助于您的教学工作，请您认真地填写表格并寄回。**我们将定期给您发送我社相关教材的出版资讯或目录，或者寄送相关样书。**

个人资料

姓名________年龄____联系电话________（办）________（宅）________（手机）

学校________________专业________职称/职务__________

通信地址________________邮编________E-mail__________

您校开设课程的情况为：

本校是否开设相关专业的课程　□是，课程名称为________________　□否

您所讲授的课程是________________课时__________

所用教材________________出版单位__________印刷册数____

本书可否作为您校的教材？

□是，会用于________________课程教学　□否

影响您选定教材的因素（可复选）：

□内容　□作者　□封面设计　□教材页码　□价格　□出版社

□是否获奖　□上级要求　□广告　□其他________________

您对本书质量满意的方面有（可复选）：

□内容　□封面设计　□价格　□版式设计　□其他__________

您希望本书在哪些方面加以改进？

□内容　□篇幅结构　□封面设计　□增加配套教材　□价格

可详细填写：________________________________

____

您还希望得到哪些专业方向教材的出版信息？

____

感谢您的配合，可将本表按以下方式反馈给我们：

【方式一】电子邮件：登录华信教育资源网（http://www.hxedu.com.cn/resource/OS/zixun/zz_reader.rar）下载本表格电子版，填写后发至 ve@phei.com.cn

【方式二】邮局邮寄：北京市万寿路173信箱华信大厦1302室 中等职业教育分社 （邮编：100036）

如果您需要了解更详细的信息或有著作计划，请与我们联系。

电话：010-88254583

反侵权盗版声明

举报电话：（010）88254396；（010）88258888
传　　真：（010）88254397
E-mail：　dbqq@phei.com.cn
通信地址：北京市万寿路 173 信箱
　　　　　电子工业出版社总编办公室
邮　　编：100036